프롤로그

차 례

- 프롤로그   2
- 이 책의 주요 등장인물   8

1장
컴퓨터 세계에 오신 것을 환영합니다!

Q1 컴퓨터는 PC를 말하는 걸까?   12

캐릭터 도감 ❶	PC(개인용 컴퓨터)	14
캐릭터 도감 ❷	태블릿 & 스마트폰	16
캐릭터 도감 ❸	마이크로 컨트롤러	18
캐릭터 도감 ❹	슈퍼컴퓨터	20

Q2 컴퓨터 주변에는 무엇이 있을까?   22

Q3 컴퓨터 안은 어떻게 생겼을까?   24

캐릭터 도감 ❺	CPU	26
캐릭터 도감 ❻	RAM & ROM	28
캐릭터 도감 ❼	마더보드	30
캐릭터 도감 ❽	하드디스크 & SSD	32
캐릭터 도감 ❾	전원 유닛 & 배터리	34

Q4 컴퓨터가 잘하는 일은 뭘까?   36

- 칼럼   AI란 무엇일까?   38
- 칼럼   정말 인간이 할 일이 사라지게 될까?   40
- 칼럼   IoT(Internet of Things)란 무엇일까?   42

2장
프로그래밍이란 무엇일까요?

Q5 프로그래밍으로 무엇을 할 수 있을까?   46

칼럼   소사이어티 5.0
컴퓨터가 풍요롭게 만드는 사회   48

Q6 컴퓨터에 지시를 내리는 방법은?   50

Q7 프로그래밍 사고방식이란?   52

캐릭터 도감 ⑩   순차 흐름   54
캐릭터 도감 ⑪   조건분기 흐름   56
캐릭터 도감 ⑫   반복 흐름   58

Q8 프로그램은 어떻게 만들까?   60
Q9 알고리즘의 정답은 하나뿐일까?   62
Q10 프로그램이 잘 작동하지 않는다면?   64

캐릭터 도감 ⑬   버그   66
캐릭터 도감 ⑭   디버거   68

칼럼   프로그래밍으로 키울 수 있는 능력   70
칼럼   실패는 프로그래밍의 친구   72

3장
다양한 프로그래밍 언어를 소개합니다

Q11 컴퓨터는 어떤 언어를 쓸까?   76

캐릭터 도감 ⑮   컴파일러   78

Q12 0과 1로 어떻게 정보를 표현할까?   80

캐릭터 도감 ⑯   0&1   82

Q13 프로그래밍 언어에는 무엇이 있을까?   84

캐릭터 도감 ⑰   스크래치(Scratch)   86
캐릭터 도감 ⑱   베이직 & 이치고잼 베이직   88
캐릭터 도감 ⑲   두리틀(Dolittle)   90
캐릭터 도감 ⑳   C언어   92
캐릭터 도감 ㉑   자바(Java)   94
캐릭터 도감 ㉒   자바스크립트(JavaScript)   96
캐릭터 도감 ㉓   파이썬(Python)   98

칼럼   프로그래밍 언어 학습 방법   100

● 에필로그   102
● 맺음말   106
● 색인   108

이 책의 주요 등장인물

리코
약간 겁이 많은 초등학교 4학년. 태블릿이나 스마트폰으로 게임하는 것을 좋아한다. 프로그래밍을 해본 적은 없다.

센
리코가 길에서 우연히 만난 '점술 로봇'. 신비한 힘으로 리코를 컴퓨터의 세계로 데려간다.

아빠와 엄마
리코의 부모님. 겁쟁이 리코를 놀리기도 하지만 항상 자상하게 딸을 지켜보고 있다.

1장

컴퓨터 세계에
오신 것을
환영합니다!

컴퓨터란 무엇이며 그 안은 어떻게 생겼을까요?
컴퓨터의 종류와 각 부품이 어떤 일을 하는지 소개합니다.

Q1 컴퓨터는 PC를 말하는 걸까?

1 컴퓨터는 이런 친구 아닌가?
PC(개인용 컴퓨터)

2 잠깐만! 네가 항상 게임을 하는 나도 컴퓨터야.
나도 컴퓨터라고!
태블릿 / 스마트폰

3 우리도 잊지 말아줘!
가전제품 안에는 우리가 있지요….
슈퍼컴퓨터 / 마이크로 컨트롤러

4 너의 일상엔 우리가 늘 함께야!

A PC뿐만 아니라 다양한 종류의 컴퓨터가 있어요.

컴퓨터에는 PC 말고도 여러 종류가 있습니다. 편리한 생활에 필수인 스마트폰과 태블릿, 가전제품 등을 제어하는 마이크로 컨트롤러, 뛰어난 계산 능력으로 연구나 개발에 사용되는 슈퍼컴퓨터가 대표적이지요. 우리 주변의 많은 것이 컴퓨터로 움직이고 있어서, 이제 컴퓨터 없이는 쾌적하게 생활하기가 힘들어졌어요. 다들 눈치채지 못하는 사이에 이미 컴퓨터를 편하게 다루면서 생활하고 있답니다.

컴퓨터로 움직이는 일상 속 물건들

집안

TV, 에어컨, 게임기 등 가전제품의 버튼을 누르면 내부에 있는 컴퓨터가 미리 정해 둔 동작을 실행합니다.

컴퓨터가 적절한 경로를 판단해서 움직이는 로봇청소기

버튼이나 리모컨을 누르면 정해진 동작을 하는 가전제품

상점이나 시설

자동문이나 엘리베이터 등이 인간의 동작에 맞춰 움직이는 이유는 컴퓨터가 동작을 제어하기 때문입니다.

카드를 터치하면 컴퓨터가 지불 정보를 기록한다

컴퓨터가 사람의 출입을 감지해서 문을 열라고 지시하는 자동문

거리

신호등이나 전철 등은 미리 정해진 조건에서 움직이도록 컴퓨터가 관리하고 있어, 사고를 방지할 수 있습니다.

전철이 달리는 속도나 차내 안내 방송을 자동으로 제어한다

신호등의 빨간색, 노란색, 초록색 표시를 정해진 조건에서 바꾼다

컴퓨터

PC(개인용 컴퓨터)

공부, 게임, 일 뭐든지 할 수 있지!

데스크톱 컴퓨터

노트북 컴퓨터

어떤 컴퓨터일까?

집이나 학교에서 자주 볼 수 있는 PC는 가장 친숙한 컴퓨터 형태입니다. '개인용 컴퓨터'라고 부르는 경우도 많지요. 책상에 두고 사용하는 '데스크톱 형태' 외에 접어서 들고 다닐 수 있는 '노트북 형태', 화면이 터치패널로 되어 있는 '태블릿 형태' 등 여러 종류가 있습니다.

기본 데이터

- □ 성격
  - ● 호기심이 왕성함
- □ 태어난 곳
  - ● 미국
- □ 주로 있는 장소
  - ● 집이나 학교, 회사 안
- □ 자주 사용하는 사람
  - ● 초등학생부터 성인까지

캐릭터 도감 ❶

● PC

여러 가지 작업을
동시에 처리하는
'멀티태스킹'이 특기야!

특기

화면에 여러 개의 창(작업 화면)을 열어 여러 작업을 동시에 할 수 있습니다. 인터넷으로 검색하면서 이메일을 쓴다거나 통화하면서 온라인 게임을 할 수도 있지요. 화면이 커서 보기도 아주 편하답니다!

이렇게 활약해요!

자리 잡고 앉아서 커다란 화면으로 집중해서 뭔가 하고 싶을 때는 PC가 제격입니다. 키보드를 사용하면 긴 문장도 편하게 입력할 수 있지요. 게임부터 공부, 업무까지 여러 분야의 작업에 폭넓게 사용할 수 있습니다. 우리 생활에 꼭 필요한 믿음직한 친구지요!

이것이 알고 싶다!

윈도우와 맥은 어떻게 다를까?

윈도우
Windows

VS

맥
MAC

PC 중에서도 특히 인기가 있는 것이 윈도우(Windows) 컴퓨터와 맥(Mac) 컴퓨터입니다. 이 두 가지는 OS(운영체제)가 다릅니다. OS란 컴퓨터를 움직이는 시스템 전체의 기본이 되는 소프트웨어로, OS에 따라 조작하는 화면의 표시 방법이나 사용감이 다릅니다. 기본적으로 둘 중 무엇을 선택해도 하는 일에는 큰 차이가 없답니다. 그러니 자기가 더 사용하기 편한 쪽을 선택하세요.

컴퓨터

태블릿 & 스마트폰

어디든지 데려가 줘!

태블릿

스마트폰

어떤 컴퓨터일까?

마치 얇은 판처럼 보이는 태블릿이나 스마트폰도 어엿한 컴퓨터입니다. 화면은 '터치패널'로 되어 있어 손가락으로 화면을 직접 터치해서 조작할 수 있습니다. '아이콘'이라고 부르는 작은 그림을 누르면 앱(애플리케이션)이 실행되고, 통화나 게임 등 앱의 다양한 기능을 사용할 수 있습니다.

기본 데이터

☐ 성격
　● 새로운 것을 좋아함
☐ 태어난 곳
　● 미국
☐ 주로 있는 장소
　● 가방이나 주머니 속
☐ 자주 사용하는 사람
　● 초등학생부터 성인까지

캐릭터 도감 ②

● 태블릿&스마트폰

네가 가는 곳은 어디든 함께하겠어 ☆

특기

필요한 앱을 자유롭게 설치해서 사용하는 사람에 맞게 설정을 바꿀 수 있습니다. 화면을 직접 터치해서 조작하기 때문에 컴퓨터보다 조작이 간단하지요! 휴대하기 편리해서 어디서든지 손쉽게 다룰 수 있습니다.

이렇게 활약해요!

가볍고 작아서 가방이나 주머니에 넣고 다닐 수 있습니다. 전화나 SNS[1]로 연락하거나, 지도로 목적지까지 가는 길을 확인하는 등 밖에서 실력을 자랑할 수 있는 기능이 많습니다. 네트워크[2]에 연결할 수 있으면, 밖에서도 인터넷을 사용할 수 있습니다.

이것이 알고 싶다! 어떻게 손으로 만지기만 해도 작동하는 걸까?

태블릿이나 스마트폰에 많이 사용되는 터치패널의 표면에는 전기가 통하는 투명한 막이 있습니다. 패널 표면에는 약한 정전기가 흐르고 있는데, 손가락이 닿으면 그 부분만 정전기가 제거됩니다. 그러면 본체의 센서가 화면의 어디에서 정전기가 사라졌는지 감지하고 손가락이 닿은 부분의 동작에 맞추어 컴퓨터가 명령을 실행합니다.

1. SNS: 소셜 네트워킹 서비스. 사용자끼리 교류할 수 있게 해주는 웹 서비스
2. 네트워크: 컴퓨터끼리 유선이나 무선으로 데이터와 정보를 주고받을 수 있도록 그물망처럼 연결된 것

컴퓨터

마이크로 컨트롤러

조용히 우리 생활을
지탱하는 숨은 고수!

어떤 컴퓨터일까?

'마이컴' 또는 '마이크로컴퓨터'로 불리기도 합니다. 여기서 '마이크로'는 매우 작은 것을 가리킬 때 사용하는 말입니다. 마이컴은 작은 IC칩 속에 컴퓨터가 가진 기능을 집어넣은 것입니다. 크기는 작지만, PC와 마찬가지로 여러 곳에서 활약하는 컴퓨터입니다.

기본 데이터

- □ 성격
  - ● 전문가 기질
- □ 태어난 곳
  - ● 미국
- □ 주로 있는 장소
  - ● 가전제품이나 게임기
- □ 자주 사용하는 사람
  - ● 초등학생부터 성인까지

특기

전기밥솥, 냉장고, 세탁기 등 다양한 기계를 움직이게 하는 것이 특기랍니다. 예전에는 기계를 동작시키려면 많은 전자 부품을 조합해야 했지만, 지금은 마이컴 하나로 가능해졌습니다. 이것은 기계의 크기를 줄이는 데도 도움이 됩니다.

이렇게 활약해요!

집 안에 있는 전자 제품에는 거의 대부분 마이컴이 사용됩니다. 체온계, 시계, 화장실의 비데 등 컴퓨터와 관계가 없어 보이는 제품에도 들어 있는 경우가 많아요. 마이컴이 없으면 지금과 같은 생활은 상상하기도 힘들지요!

이것이 알고 싶다! 생활 곳곳에서 사용되는 마이컴 OS 'TRON'

전 세계에서 사용되는 컴퓨터의 약 95%는 마이컴이라고 합니다. 그런 마이컴의 절반 이상이 1980년대 일본에서 사카무라 겐이 개발한 마이컴 OS 'TRON'을 기반으로 하고 있습니다. TRON의 구조는 무료로 공개되어 있으며, 누구나 자유롭게 개조할 수 있어 자동차 내비게이션이나 에어컨, 엔진, 디지털카메라, 로켓 등 다양한 전자기기를 조작하는 마이컴에 사용되고 있습니다.

컴퓨터

슈퍼컴퓨터

복잡한 계산을 처리해서 우리 사회를 지탱하지!

어떤 컴퓨터일까?

일반 컴퓨터보다도 훨씬 빠른 계산 능력을 가진 컴퓨터입니다. '슈퍼컴'이라고도 하지요. 컴퓨터는 새로운 것이 계속해서 등장하고 성능도 점점 좋아져서, '이것이 슈퍼컴이다'라고 말할 수 있는 확실한 기준이 있는 것은 아닙니다. 슈퍼컴은 각각의 시대에서 특히 높은 성능을 가진 컴퓨터를 가리킵니다.

기본 데이터

- □ 성격
  - ● 믿음직스러움
- □ 태어난 곳
  - ● 미국
- □ 주로 있는 장소
  - ● 연구실, 관측소, 회사
- □ 자주 사용하는 사람
  - ● 연구자, 기술자 등

캐릭터 도감 ❹

● 슈퍼컴퓨터

사람들의 안전한 생활은 내가 지킨다!

특기

계산 속도가 엄청나게 빨라서, 일반 컴퓨터로 몇 년이 걸릴 계산을 단 하루에 마칠 때도 있습니다! 그 빠른 계산 능력 덕분에 다른 컴퓨터로 할 수 없는 복잡한 대규모 계산을 짧은 시간에 완벽하게 해냅니다.

이렇게 활약해요!

탁월한 계산 능력으로 다양한 문제를 세밀하게 시뮬레이션할 수 있어 대학이나 연구소, 회사 등에서 사용합니다. 새로운 약을 개발하는 데도 도움이 되고, 지진이 일어났을 때 피해를 예측하는 연구에도 활용되는 등 우리의 안전한 생활을 지키기 위해서도 사용됩니다.

이것이 알고 싶다! 세계 최고의 성능을 자랑하는 슈퍼컴퓨터 '후가쿠'

사진 제공: RIKEN

슈퍼컴퓨터는 아시아에도 여러 대가 있습니다. 그중에서도 뛰어난 성능을 자랑하는 슈퍼컴퓨터가 일본의 이화학연구소와 후지츠가 공동 개발한 '후가쿠(Fugaku)'입니다. 후가쿠는 후지산을 가리키며, 후지산처럼 높은 계산 능력으로 광범위한 연구에 도움이 되고자 하는 바람이 담겨 있다고 해요. 후가쿠는 1초에 44경 회(1경은 1조의 만 배) 이상의 계산을 할 수 있으며, 2020년과 2021년 연속으로 계산 능력 등 4개 부문에서 세계 1위를 차지했습니다.

Q2 컴퓨터 주변에는 무엇이 있을까?

A 컴퓨터에 정보를 입력하고 그 정보를 출력하는 장치가 있어요.

컴퓨터 본체에 연결해서 사용하는 장치를 '주변장치'라고 합니다. 주변장치는 컴퓨터를 편리하게 이용하기 위해 반드시 필요합니다.

주변장치는 크게 컴퓨터에 정보를 집어넣는 '입력장치'와 컴퓨터에서 정보를 꺼내는 '출력장치'로 나뉩니다. USB 케이블 등을 이용해 유선으로 직접 연결하는 장치가 있는가 하면, 블루투스 기술을 이용해 무선으로 연결하는 장치도 있고, 컴퓨터 본체와 일체형인 장치도 있습니다.

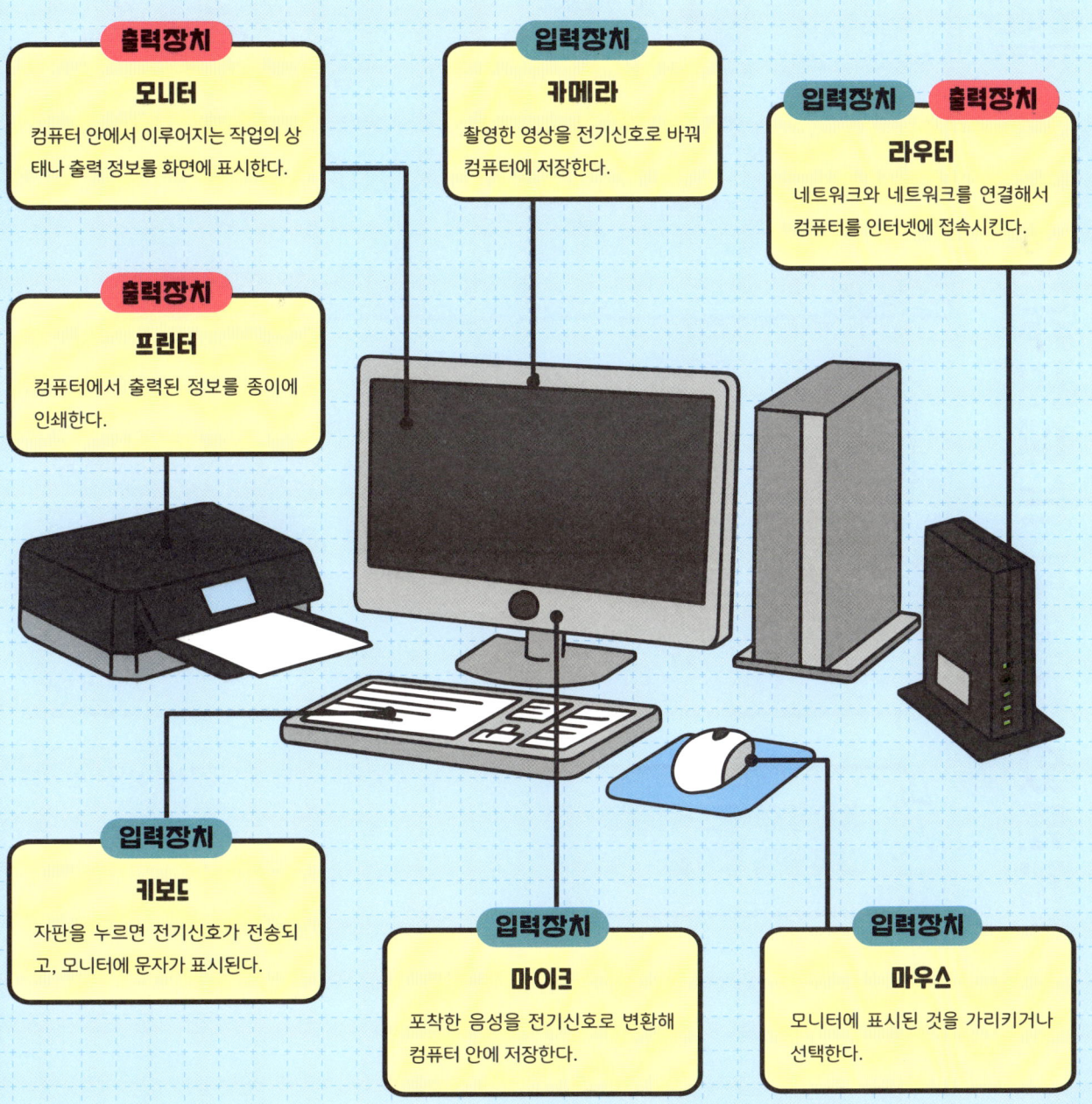

Q3 컴퓨터 안은 어떻게 생겼을까?

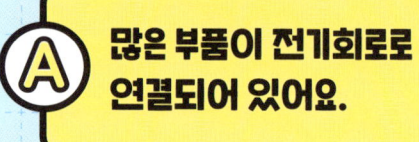

A 많은 부품이 전기회로로 연결되어 있어요.

컴퓨터 안에 있는 커다란 점토판처럼 생긴 '마더보드'에는 많은 부품이 조립되어 있고, 부품들은 마더보드 위에 빼곡하게 그려진 전기회로로 연결되어 있습니다. 부품들은 각각 정해진 일이 있어 마우스 클릭하기, 키보드 자판 누르기 등 인간이 컴퓨터에 행하는 동작을 처리하고 실행하는 기능을 합니다. 컴퓨터 본체와 주변장치, 이들을 구성하는 부품을 통합해서 '하드웨어'라고 부릅니다.

컴퓨터 안에 있는 부품

모두를 하나로 만든단다~

마더보드
(→ 30페이지)

우웃! 전력을 보내주지!

전원 유닛 & 배터리
(→ 34페이지)

하드디스크 & SSD
(→ 32페이지)

RAM & ROM
(→ 28페이지)

CPU
(→ 26페이지)

데이터는 우리가 기억해 둘게~

다음 작업을 지시하겠다~

컴퓨터 부품
CPU

모두를 지휘하는 똑똑한 리더!

어떤 부품일까?

CPU는 '컴퓨터의 두뇌'라고도 불리는 중요한 부품입니다. 많은 주변장치로부터 정보를 받아들이고, 그 정보를 바탕으로 계산하거나 다른 부품에 명령을 전달합니다. 그래서 CPU의 기능이 컴퓨터 성능을 크게 좌우합니다. CPU의 처리 속도가 빠를수록 컴퓨터는 짧은 시간에 많은 명령을 실행할 수 있습니다.

기본 데이터

- 주요 역할
  - 계산, 제어
- 성격
  - 리더십이 강함
- 이름의 의미
  - 중앙에서 처리하는 장치
- 다른 이름
  - 프로세서

> 모두에게 언제 어떻게 일할지 지시하는 게 바로 나야!

특기

컴퓨터 전체가 움직이는 데 필요한 복잡한 계산이나 처리를 연속으로 할 수 있습니다.
CPU의 성능을 측정하는 기준을 '클록 주파수'라고 하는데, 이 수치가 클수록 빠르게 계산할 수 있습니다.

이렇게 활약해요!

CPU는 컴퓨터 내의 다양한 부품이 협력해서 일할 수 있도록 각 부품이 작동할 타이밍을 알려 주거나 많은 데이터를 바탕으로 계산합니다. 자기 일을 성실히 하면서 리더로서 컴퓨터 안의 부품들을 통제한답니다.

비슷한 친구 GPU

게임이나 TV, 영화 등에 자주 사용되는 3차원(3D) 컴퓨터 그래픽스(CG)를 사실적으로 만들려면 엄청난 양의 계산이 필요합니다. GPU는 바로 이 계산을 전문으로 하는 부품입니다. GPU 덕분에 CPU는 컴퓨터 전체의 계산이나 명령을 실행하는 데 집중할 수 있습니다. GPU는 AI가 딥러닝(자세한 내용은 39페이지 참고)을 실행할 때도 활약합니다.

컴퓨터 부품
RAM & ROM

컴퓨터 안의 기록 담당 콤비!

RAM

ROM

어떤 부품일까?

컴퓨터가 어떤 작업을 할 때, 다루는 정보(데이터) 등을 저장하는 장치를 '메모리'라고 합니다.

RAM은 CPU가 계산할 때 필요한 정보를 기억해 줘요. 컴퓨터가 작동하기 위해 반드시 필요한 메모리지요.

ROM은 데이터 읽기 전용 메모리로, 필요할 때 정보를 추출해서 보여 준답니다.

기본 데이터

☐ 주요 역할
- 컴퓨터 작동을 위한 기록

☐ 성격
- RAM: 잘 잊어버림
- ROM: 주의 깊음

☐ 이름의 의미
- RAM: 즉시 호출 기억장치
- ROM: 읽기 전용 기억장치

특기

RAM은 몇 번이든 데이터를 바꿔 쓸 수 있지만, 전원이 꺼지면 다루던 데이터를 잊어버립니다. ROM은 새로운 데이터를 기록할 수는 없지만, 전원이 꺼져도 데이터를 기억하기 때문에 중요한 정보를 기록해 둘 수 있습니다.

이렇게 활약해요!

RAM은 CPU가 작업하는 '책상'과 같아서, RAM의 용량(데이터를 넣을 수 있는 양)이 클수록 컴퓨터는 한 번에 많은 작업을 할 수 있습니다.

ROM도 용량이 클수록 많은 데이터를 기억할 수 있습니다.

이것이 알고 싶다! 'GB(기가바이트)'란 무엇일까?

기가 = 10억 배   바이트 = 데이터의 단위

GB

RAM과 ROM의 용량은 주로 '○○GB'로 표현됩니다. GB 앞에 있는 숫자가 클수록 용량이 크다는 것을 나타내지요. B는 '바이트'라고 읽는데, 컴퓨터에서 사용되는 데이터의 단위입니다. G는 '기가'라고 읽고, '10억 배'를 뜻합니다. 결국, 1GB는 10억B라는 말입니다. 숫자가 지나치게 크면 오히려 의미를 이해하기 어려우므로 GB라는 단위를 주로 사용합니다.

컴퓨터 부품

마더보드

커다란 몸으로 모두를 하나로!

어떤 부품일까?

컴퓨터를 만들 때 기반이 되는 판을 마더보드라고 합니다. 컴퓨터는 많은 부품의 조합으로 구성되는데 마더보드에는 부품을 연결하는 기능이 있습니다.
CPU나 메모리처럼 컴퓨터 안에 있는 부품은 물론이고, 키보드나 마우스와 같은 주변장치를 내부에 연결하는 역할도 담당한답니다.

기본 데이터

- □ 주요 역할
  - ● 부품 연결
- □ 성격
  - ● 포용력이 넓음
- □ 이름의 의미
  - ● 모체가 되는 판
- □ 다른 이름
  - ● 메인보드

캐릭터 도감 ❼

● 마더보드

자, 모두 나에게 모여~!

특기

마더보드에는 CPU, 메모리, 전원 등을 설치할 수 있는 '소켓'이나 '슬롯'이 있습니다. 그곳에 장치를 설치해야 비로소 컴퓨터가 일할 수 있게 됩니다. 마더보드는 컴퓨터를 하나로 만들어 주는 중요한 부품입니다.

이렇게 활약해요!

키보드나 마우스 같은 주변장치는 마더보드 바깥쪽에 붙어 있는 '인터페이스(중개하는 부분)'를 통해 컴퓨터와 통신할 수 있어요. 이처럼 안에 있는 부품들뿐만 아니라, 밖에 있는 장치와 컴퓨터를 이어 주는 기능도 있습니다.

이것이 알고 싶다! 마더보드는 무엇으로 만들어졌을까?

실제 마더보드

마더보드 본체는 전기가 통하지 않는 플라스틱으로 만들어졌습니다. 마더보드에는 단단한 플라스틱 판 위에 구리나 알루미늄박으로 만들어진 전기회로가 인쇄되어 있고, CPU를 꽂는 소켓이나 메모리를 비롯한 많은 전자 부품을 꽂는 슬롯 등이 갖추어져 있습니다. 마더보드에 많은 부품을 장착해야 한 대의 컴퓨터가 완성된답니다.

컴퓨터 부품
하드디스크 & SSD

이미지, 동영상, 앱 무엇이든 기억하는 기억의 달인!

하드디스크

SSD

어떤 부품일까?

이미지나 문서 같은 대량의 데이터를 컴퓨터 안에 장기간 저장하는 역할을 하는 부품입니다. 하드디스크는 회전하는 원반에 자석의 힘을 이용해 기록하고, SSD는 '메모리칩'이라는 작은 부품에 데이터를 읽고 씁니다. 하드디스크는 SSD에 비해 용량이 크고, SSD는 하드디스크보다 조용하고 크기가 작다는 특징이 있습니다.

기본 데이터

☐ 주요 역할
- 기억

☐ 성격
- 하드디스크: 느긋함
- SSD: 급함

☐ 다른 이름
- 하드디스크: 하드디스크 드라이브
- SSD: 플래시 메모리 드라이브

캐릭터 도감 ⑧

하드디스크 & SSD

> 네가 잊어버려도 우리가 기억해 둘게~

특기

컴퓨터에 이미지나 동영상, 문서 등 소중한 데이터를 저장할 수 있는 것은 하드디스크와 SSD 덕분입니다. 하드디스크나 SSD의 용량이 클수록 저장할 수 있는 데이터의 양도 늘어납니다. 그리고 늘어난 만큼 사용할 수 있는 프로그램의 수도 많아져요.

이렇게 활약해요!

하드디스크는 SSD보다 수명이 긴 제품이 많고, 데이터를 장기간 보존하는 데 적합합니다.
SSD는 충격이나 열에 강하고 데이터를 읽는 속도가 빨라서, 사용자가 더 원활하게 데이터를 다룰 수 있습니다.

이것이 알고 싶다! 보조기억장치는 외부에 연결할 수 있어!

하드디스크나 SSD 등 데이터를 장기적으로 저장해 두는 부품을 '보조기억장치'라고 합니다.
하드디스크나 SSD는 USB 케이블 등을 이용해서 밖에서 컴퓨터 본체에 연결할 수도 있습니다. 그렇게 함으로써 컴퓨터 본체의 보조기억장치 용량이 가득 차더라도 컴퓨터가 저장할 수 있는 데이터의 양을 늘릴 수 있습니다.

컴퓨터 부품

전원 유닛 & 배터리

컴퓨터에 에너지를 보내는 응원단!!

전원 유닛

배터리

어떤 부품일까?

컴퓨터가 작동하려면 전력이 필요합니다. 전원 유닛과 배터리는 컴퓨터에 전력을 공급하는 부품이지요. 전원 유닛은 콘센트를 통해 들어온 전기를 컴퓨터가 사용할 수 있게 만듭니다. 배터리는 전기를 모아 두었다가(충전) 콘센트가 없는 장소에서도 컴퓨터를 작동할 수 있게 해요.

기본 데이터

- ☐ 주요 역할
  - 전력 보내기
- ☐ 성격
  - 전원 유닛: 열정적
  - 배터리: 냉정함
- ☐ 주로 있는 장소
  - 전원 유닛: PC, 가전제품
  - 배터리: PC, 태블릿, 스마트폰

캐릭터 도감 ⑨

● 전원 유닛 & 배터리

계속해서!
전력을!
보내겠어!

특기

콘센트에서 흘러오는 전기와 컴퓨터 안에서 사용되는 전기는 흐르는 방식이 다릅니다. 전원 유닛과 배터리는 콘센트에서 들어오는 전기의 흐름을 컴퓨터용으로 바꾸는 일을 합니다.

이렇게 활약해요!

전원 유닛은 콘센트에 연결해서 사용하는 모든 전자 제품 안에서 활약합니다. 스마트폰처럼 들고 다니면서 사용하는 컴퓨터는 배터리 크기나 성능이 매우 중요해서 더 작고 오래가는 배터리 개발이 계속되고 있습니다.

전력은 효율적으로 사용해야지…

이것이 알고 싶다! 배터리를 오래 사용하려면?

배터리에도 수명이 있어서, 수명이 다 된 배터리는 빨리 줄어들거나 충전할 수 없게 되기도 합니다. 하지만 어떻게 사용하느냐에 따라 좀 더 오래 사용할 수도 있습니다. 스마트폰에 많이 사용되는 리튬이온 전지는 충전이 100%가 되기 전에 충전기를 분리해서 과충전되지 않도록 하는 것이 중요합니다. 그리고 배터리 잔량이 20% 정도 되었을 때 충전하는 것을 권장합니다.

Q4 컴퓨터가 잘하는 일은 뭘까?

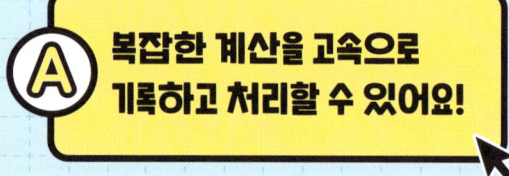

A 복잡한 계산을 고속으로 기록하고 처리할 수 있어요!

컴퓨터는 기억력이 뛰어나서 문서나 이미지, 동영상 등 온갖 정보를 대량으로 기억할 수 있습니다. 또 계산에 능숙해서 복잡한 계산을 실수 없이 순식간에 끝낼 수도 있지요. 더구나 컴퓨터는 인간과 달리 쉬지 않고 이런 작업을 해낼 수 있습니다. 반면에, 장소의 분위기를 파악하고 행동한다거나 새로운 아이디어를 만들어 내는 일처럼 컴퓨터보다 인간이 더 잘하는 일도 많습니다.

인간과 컴퓨터, 누가 더 잘할까?

능력	로봇	인간
기억	◎ 단시간에 대량의 데이터를 기억할 수 있고, 고장 나거나 저장에 실패하지 않는 한 잊지 않는다.	△ 한 번에 많은 일을 기억할 수 없다. 한동안 사용하지 않은 지식은 잊어버린다.
계산	◎ 눈 깜짝할 사이에 대량의 복잡한 계산을 할 수 있고, 절대 틀리지 않는다.	△ 복잡한 계산을 할수록 많은 시간이 걸리고, 틀리기도 한다.
분위기 파악	✗ 해야 할 행동을 구체적으로 지시받지 않으면 무엇을 해야 할지 모른다.	○ 직접 말하지 않아도 대화의 흐름과 분위기로 필요한 행동을 파악할 수 있다.
말의 의도 파악	✗ 지시받은 대로 이해한다. 지시하는 사람의 기분을 상상하지 못한다.	○ 말하는 이의 기분을 생각하고, 말의 숨은 의미를 상상할 수 있다.
새로운 것 만들어 내기	✗ 데이터나 지시가 주어지지 않으면 생각할 수 없고, 아무것도 없이 새로운 것을 만들 수 없다.	○ 혼자서도 처음부터 새로운 것을 생각하고 만들어 낼 수 있다.

칼럼 — AI란 무엇일까?

로봇과 AI는 별개!

- AI = 두뇌
- 로봇 = 몸 전체

AI는 인간의 몸으로 말하면 두뇌에 해당하는 부분이야.

인간의 두뇌 기능을 컴퓨터로 재현한 '인간이 만든 지능'

AI(Artificial Intelligence = 인공지능)란 사고하고 학습하는 인간 두뇌의 지적 작용을 참고해 만든 컴퓨터 지능을 말합니다. 인간 두뇌처럼 경험이나 트레이닝을 통해서 점점 발달해 갑니다. 이미지나 음성의 차이를 판단하거나 인간과 게임 대결을 하는 등 다양한 분야에서 활용됩니다.

AI가 학습하는 방법 '기계 학습'

AI가 학습하는 방법에는 3가지가 있어요.

강화 학습

AI가 시행착오를 반복하면서 최적의 방법을 학습해 나간다.

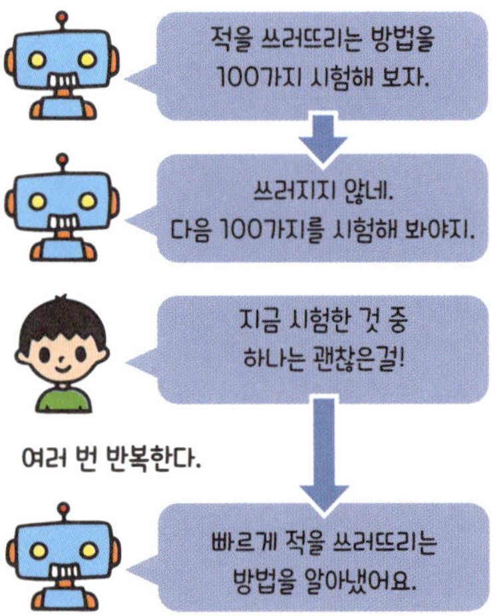

- 적을 쓰러뜨리는 방법을 100가지 시험해 보자.
- 쓰러지지 않네. 다음 100가지를 시험해 봐야지.
- 지금 시험한 것 중 하나는 괜찮은걸!

여러 번 반복한다.

- 빠르게 적을 쓰러뜨리는 방법을 알아냈어요.

비지도 학습

인간이 정답을 알려 주지 않고 AI가 스스로 특징을 학습한다.

- A는 노랑, B는 빨강, C는 보라….
- 이건 뭐지?
- B와 같은 것입니다.

지도 학습

인간이 알려 준 정답을 바탕으로 AI가 스스로 특징을 학습한다.

- 이것은 사과야.
- 빨갛고 둥근 것이 사과군요.
- 한가운데는 사과입니다. 나머지는 모르겠습니다.

더욱 복잡한 분석을 할 수 있는 '딥러닝'

딥러닝의 원리

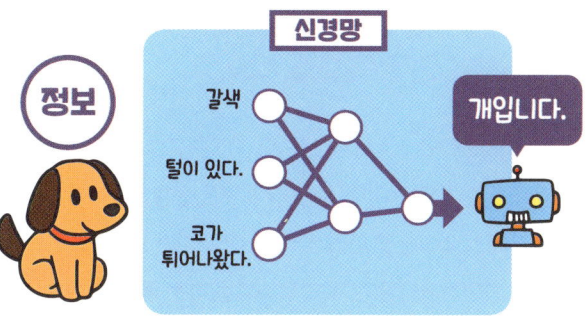

인간이 무엇인가를 보거나 들을 때 반응하는 신경세포의 작용을 참고했어요.

인간의 힘을 빌리지 않고 대량의 데이터에서 특징을 찾아낸다!

기계 학습을 더욱 발전시킨 것이 딥러닝(심층학습)입니다. 딥러닝에서는 받아들인 정보에 어떤 특징이 있고, 그 정보를 어떻게 생각할지까지 AI가 스스로 결정합니다. 인간의 두뇌 안에 있는 신경세포(뉴런)를 모델로 해서 만든 '신경망'이 그런 일을 가능하게 했습니다.

AI는 무서운 건가요?

AI를 만들 때 · 사용할 때 지켜야 할 규칙

AI가 모은 정보를 악용하지 않는다.

AI가 사람이나 재산을 다치게 하지 않도록 설정한다.

위험할 때 인간이 AI를 멈출 수 있도록 만든다.

AI를 이용한 분석이 차별로 이어지지 않도록 한다.

AI가 인간보다 똑똑해져서 인간을 공격하지는 않을까?

지금의 AI는 인간이 부여한 과제를 해결하는 것만 할 수 있고, 자신의 의사로 인간을 공격할 수는 없어. 하지만 안전성은 확실하게 체크할 필요가 있지.

칼럼 정말 인간이 할 일이 사라지게 될까?

AI의 발전으로 사라지는 직업도 있지만 새로 생기는 직업도 있어요

AI에 의한 자동화가 진행되면서 앞으로 일부 직업이 사라진다는 것은 사실이에요. 반면, 컴퓨터나 AI가 진화하면서 새로운 직업이 계속 생겨나고 있기도 해요. 인간과 AI는 서로 잘하는 분야가 다르지요. AI에 맡기는 것이 나은 일은 AI에 맡기고, 인간만이 할 수 있는 일을 찾아 도전해 보는 것은 어떨까요?

[자동화될 가능성이 낮은 직업]

- 정신과 의사
- 한의사·침술사
- 소아과 의사
- 장애인 특수학교 교직원
- 외과 의사
- 메이크업 아티스트

인간의 몸과 마음을 다루는 직업은 컴퓨터보다 인간이 더 잘하는 걸까?

[자동화될 가능성이 높은 직업]

- 전철 기관사
- 일반 사무원
- 버스 운전사
- 계산대 직원
- 경리 사무원
- 포장 작업원
- 상하차 작업자

같은 일을 정확하게 반복하는 업무는 컴퓨터가 잘하지!

*출처:《일본의 컴퓨터화와 직업의 미래》, 노무라 종합연구소, 2015

컴퓨터가 발전하면서 새로 생겨난 직업

컴퓨터와 AI 덕분에 풍요로운 생활을 돕는 새로운 직업이 계속해서 생겨나고 있습니다.

영상 크리에이터

매력적인 영상을 만들어 보는 사람을 즐겁게 한다.

로봇 디자이너

사람들의 생활을 풍요롭게 하는 로봇을 디자인하고 설계한다.

AI 엔지니어

다양한 데이터를 AI에 학습시켜, AI를 발달 및 교육한다.

앱 개발자

생활을 편리하게 하는 앱을 고안하고 제작한다.

인간만이 할 수 있는 '강점'을 기르자

앞으로의 사회에서는 어떤 직업이든 컴퓨터가 꼭 필요할 거예요.
컴퓨터와 힘을 합해 일하려면 인간이 더 잘할 수 있는 일이나
인간만이 할 수 있는 일을 찾아내서 그 강점을 기르는 것이 중요합니다.

커뮤니케이션 능력

사회 속에서 다른 사람과 의사를 주고받는 힘

공감 능력

다른 사람의 마음을 파악하고 다가서는 힘

창조력

자신만의 방법으로 새로운 것을 만들어 내는 힘

감성

사건이나 사물을 마음으로 깊게 느끼는 힘

칼럼

IoT(Internet of Things)란 무엇일까?

모든 것이 인터넷에 연결되어 생활을 더욱 편리하게!

IoT는 '사물 인터넷'이라는 뜻입니다. 가전제품과 같은 다양한 사물에 컴퓨터가 들어가고, 인터넷에 연결되면서 멀리 떨어진 곳에 있는 사물을 조작하거나 사물로부터 정보를 수집할 수 있게 되었습니다. 외부에서 현관문을 열거나 잠그는 서비스, 냉장고 안에 있는 식품의 유통 기한이 다가오면 알려 주는 서비스 등은 이미 실현되어 있습니다. 정보를 네트워크로 수집함으로써 사용자는 자신에게 딱 맞는 서비스를 누릴 수 있습니다.

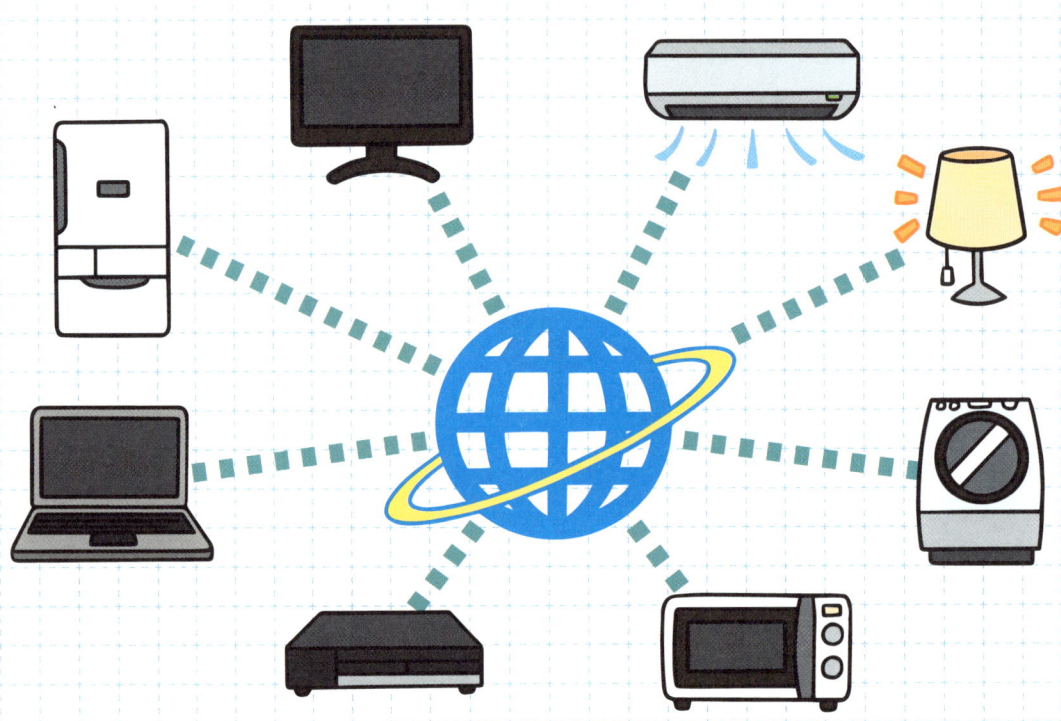

2장

프로그래밍이란 무엇일까요?

컴퓨터는 어떻게 작동하는 것일까요?
프로그래밍의 기본이 되는 사고방식을 소개합니다.

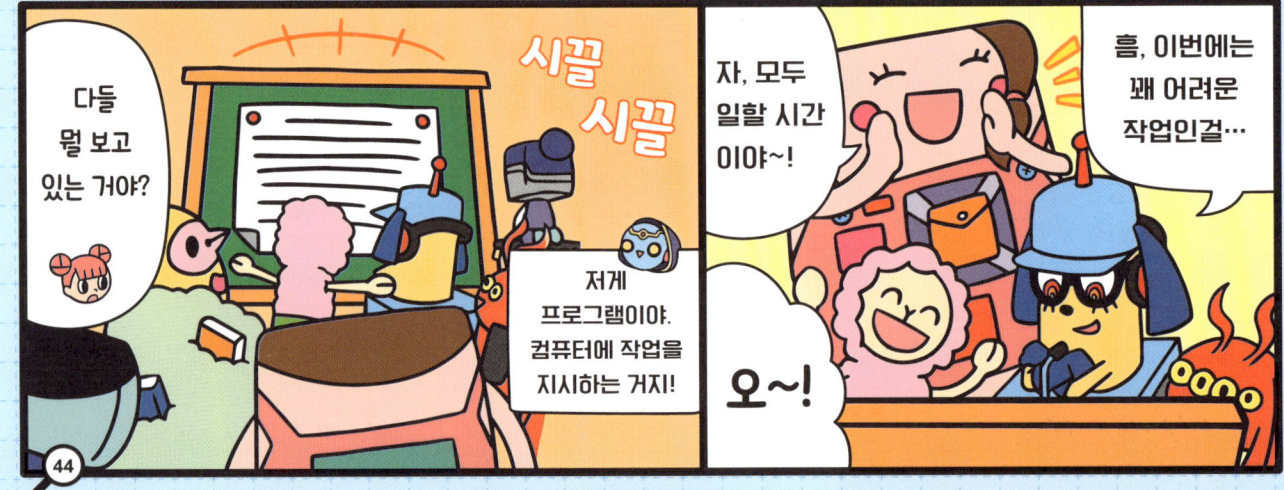

Q5 프로그래밍으로 무엇을 할 수 있을까?

1. 프로그래밍을 할 줄 알면 좋은 게 있어?
물론이지!

2. 컴퓨터의 동작은 전부 프로그램으로 만들어져 있어. 리코가 자주 하는 게임 앱도 프로그램으로 움직이는 거야.

3. 재미있고 편리한 걸 많~이 만들 수 있지!

4. 그럼, 숙제를 대신해 주는 프로그램도 만들 수 있는 거야?!
숙제는 자기 힘으로 해야 리코한테 도움이 되지.

 **A** 아이디어와 기술이 있으면 뭐든지 만들 수 있어요!

컴퓨터를 움직이는 프로그램이나 OS 등을 '소프트웨어'라고 합니다. 아이디어와 프로그래밍을 결합해서 생활을 편리하고 즐겁게 해주는 소프트웨어가 계속 만들어지고 있지요!

전용 고글을 쓰면 마치 그 장소에 있는 것처럼 가상공간을 즐길 수 있는 VR(가상현실), 태블릿이나 스마트폰을 통해 현실 세계에 CG나 동영상을 겹쳐서 표시할 수 있는 AR(증강현실) 등 한층 더 발전이 기대되는 것도 많습니다.

사람들의 꿈을 이뤄 주는 프로그래밍

'이런 일을 할 수 있으면 좋겠다'라는 인간의 꿈이나 소망을 컴퓨터의 힘을 이용해 이뤄 주는 것이 프로그래밍입니다. 얼마 전까지는 불가능하다고 여겨지던 것도 점차 실현되고 있습니다.

좋아하는 캐릭터가 현실에 있었으면 좋겠어~

AR 기술로 가상공간의 캐릭터가 현실 세계에 나타난다!

돈은 없지만 세계 일주를 해보고 싶어~!

VR 고글로 집에서 해외여행하는 기분을 느낄 수 있다!

오늘 날씨를 확인해야 하는데 지금 손이 모자라네~

스마트 스피커에 이야기하면 해당 정보를 알려 준다!

운전은 서툴지만 자동차로 안전하게 이동하고 싶어!

컴퓨터에 의한 자율주행으로 사고 위험이 줄어든다!

칼럼

소사이어티 5.0 컴퓨터가 풍요롭게 만드는 사회

인간 사회의 진보

수렵사회
소사이어티 1.0
자연과 공생하는 사회

↓

농경사회
소사이어티 2.0
농업의 발전과 정착

↓

공업사회
소사이어티 3.0
산업혁명, 대량생산

↓

정보사회
소사이어티 4.0
컴퓨터의 발명, 정보 유통

← 지금은 여기

↓

'새로운 사회'
소사이어티 5.0
초스마트 사회

IoT와 AI의 발전으로 더욱 편리한 사회가 찾아온다!

인간 사회는 기술의 진보에 따라 '수렵사회', '농경사회', '공업사회', '정보사회'로 변화해 왔습니다. 현재는 '정보사회'와 다음 사회의 중간 지점에 있고, 지향해야 할 미래의 '새로운 사회'가 소사이어티(Society) 5.0입니다. 소사이어티 5.0에서는 주변의 온갖 사물이 인터넷에 연결되고 과학기술과 정보기술이 한층 더 발전함으로써, '정보사회'가 안고 있는 저출생 고령화 문제나 지역 격차, 빈부 격차 등 여러 사회 문제를 해결할 수 있을 것입니다. 사람들의 일상생활과 산업이 크게 변화되고, 누구나 살기 좋은 사회가 될 것이라 기대합니다.

컴퓨터와 함께 누구나 살기 좋은 사회를 만들려고 하는구나!

소사이어티 5.0의 구조

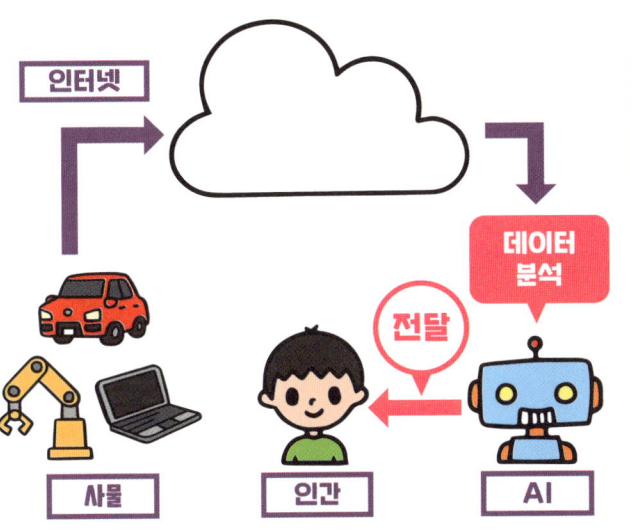

인터넷에서 수집한 대량의 정보를 AI가 분석해 준다!

소사이어티 5.0에서는 다양한 사물로부터 인터넷을 통해 수집한 대량의 정보(빅데이터)를 인간보다 뛰어난 처리 능력을 가진 AI가 분석합니다. 그리고 그 결과를 인간에게 전달함으로써 이제까지 없던 새로운 가치를 가진 제품과 서비스의 발전을 이루어 냅니다. 소사이어티 5.0은 IoT 기술과 AI의 진보로 실현되는 사회라고 할 수 있습니다.

이런 미래가 다가올지도!

소사이어티 5.0에서는 다양한 분야에서 다음과 같은 '새로운 가치'가 생겨난다고 합니다.

교통
자율주행 버스로 통학하고, 나이가 많은 사람도 편하게 이동할 수 있다.

의료
AI가 건강 상태를 관리하고, 병을 일찍 발견·예방한다.

요리
조리법이나 부족한 식재료를 가전제품이 알려 준다.

택배
언제, 어디든 드론이 물건을 배달해 준다.

Q6 컴퓨터에 지시를 내리는 방법은?

자, 리코 시험 삼아 부품에게 지시를 내려 봐!

두근두근

으음, 그럼…

저녁까지 수학 숙제를 해줘!

그럴게나 숙제가 하기 싫은 걸까…

조———용…

아, 어째? 어째서 다들 움직이지 않는 거야?

'숙제를 한다'라니 뭘 하면 되지?

'저녁'은 몇 월 며칠 몇 시야?

'수학 숙제'가 뭘까?

구체적으로 차례차례 지시하지 않으면 모른다고~

초조 / 지그시 / 당황 당황 당황

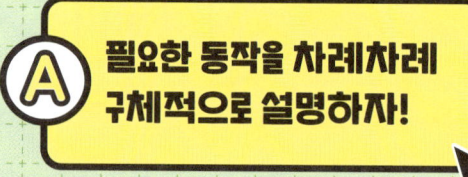

A 필요한 동작을 차례차례 구체적으로 설명하자!

36페이지에서 이야기한 것처럼 컴퓨터는 스스로 무엇을 해야 하는지 상상할 수 없습니다. 그렇기 때문에 컴퓨터에 원가를 시키고 싶을 때는 동작과 순서를 하나씩 구체적으로 전달해야 합니다. 핵심은 부탁하고 싶은 동작을 가능한 한 세밀하게 나눠서 누가 들어도 이해할 수 있는 순서로 전달하는 것입니다. 어떻게 지시해야 제대로 컴퓨터에 전달될지 생각하고 연구하는 것이 중요합니다.

컴퓨터에 지시를 내리기 위해서는

컴퓨터는 모호한 지시를 이해하지 못한다

순서를 정한 구체적인 지시

1층 부엌에 가서 물병 2개를 2층 방으로 가져와

약 2분 후에 완료됩니다.

모호한 지시

부엌에서 그거 좀 갖다 줘~

명령을 이해하지 못했습니다…

'그것', '저것', '~좀 해' 등의 모호한 말은 인간들 사이에서는 통하지만 컴퓨터에게는 통하지 않습니다.

컴퓨터에 시킬 동작을 세밀하게 분해해서 생각하자

예를 들어, '카레를 만든다'라는 동작에도 '재료를 자른다', '볶는다' 등 자잘한 동작이 많이 필요하지요. 우선은 그 과정들을 하나하나 정리해 봅시다.

컴퓨터에 지시하는 힘은 일상생활에도 도움이 된다

누가 들어도 이해할 수 있도록 구체적으로 전달하는 능력은 길 안내나 학교 발표 등 사람을 상대로 하는 다양한 상황에서 도움이 됩니다.

프로그래밍 사고방식이란?

> 순서를 잘 정해서 구체적으로 지시하는 것 말고 또 요령이 있어?

> 어~이, 센 있어?

> 있고 말고.

> 아, 마침 잘 왔네.

> 프로그램의 흐름을 만들어 주는 알고리즘의 흐름 친구들이야!

> 프로그래밍을 시작하려면 우선 이 흐름 친구들과 사이좋게 지내야 해.

> 알고리즘?

> 우리는 필요한 동작을 어떤 흐름으로 실행할지 결정하는 일을 하지.

> 순차, 조건분기, 반복. 각각 장점이 있으니까 기억해 둬.

> 잘 부탁해

> 그래 잘 부탁해!

> 이 친구들이 있으면 복잡한 프로그램도 효율적으로 만들 수 있어!

> 꼬옥

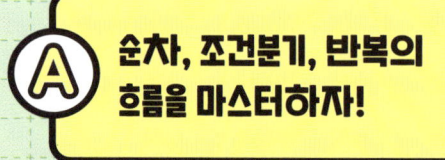

A 순차, 조건분기, 반복의 흐름을 마스터하자!

컴퓨터는 주어진 지시, 다시 말해 프로그램을 차례로 실행해서 문제를 해결합니다. 이 문제를 해결하는 절차를 가리켜 '알고리즘'이라고 합니다.

알고리즘에는 위에서부터 차례로 하나씩 지시를 실행하는 '순차', 조건에 따라 다음 행동을 변경하는 '조건분기', 같은 동작을 반복해서 실행하는 '반복'이라는 세 가지 기본적인 흐름이 있고, 프로그래밍할 때 이 세 가지 흐름을 조합해 알고리즘을 만듭니다. 우선은 이 세 가지 흐름을 기억하세요!

프로그래밍의 세 가지 기본 흐름

순차
위에서 차례대로 하나씩 실행한다

[예]
샌드위치를 만드는 행동 순서

- 빵 2장, 햄 1장, 양상추 1장을 준비한다
- 빵을 1장 놓는다
- 양상추를 1장 얹는다
- 햄을 얹는다
- 빵을 1장 얹는다

완성!

순서대로 제대로만 하면 틀림없지.

조건분기
조건을 만족하는가 만족하지 않는가로 행동을 바꾼다

[예]
우산을 가져갈지 결정하는 행동 순서

- 뉴스를 본다
- 오늘 일기예보에서 비 올 확률이 50% 이상이다
  - 예 → 가방에 우산을 넣는다
  - 아니오 → 가방에 우산을 넣지 않는다
- 가방을 든다

출발!

조건에 따라 다음 행동을 선택하는 거야!

반복
같은 동작을 반복해서 실행한다

[예]
창문 청소를 하는 행동 순서

- 걸레, 스프레이, 세제를 준비한다
- 3번 반복한다
  - 창문에 세제를 뿌린다
  - 걸레로 닦아 낸다
- 3번 반복할 때까지 되돌아간다

청소 끝!

같은 작업은 묶어서 하면 편해!

순차 흐름

정확히 순서대로 명령을 실행할게!

어떤 흐름일까?

프로그램은 명령의 집합으로 이루어져 있고, 명령을 순서대로 나열함으로써 컴퓨터에 실행하고 싶은 일을 전달하는 구조입니다.

순차 흐름은 프로그램에 적혀 있는 명령을 위에서부터 아래로 차례대로 실행합니다. 프로그램을 실행할 때 가장 기본적인 동작이 이 순차 흐름이에요.

기본 데이터

- □ 성격
  - ● 고지식함
- □ 트레이드마크
  - ● 사각형
- □ 말버릇
  - ● 차례대로 해~
- □ 이름의 의미
  - ● 위에서부터 차례대로 실행하는 흐름

캐릭터 도감 ⑩

순차 흐름

무슨 일이든
한 발 한 발 확실하게!

특기

프로그램에 적힌 명령을 하나하나 빈틈없이 차례대로 처리해 가는 것이 특기입니다. 위에서 아래로 순서대로 나아가기만 하기 때문에, 동작이 매우 단순합니다. 다른 흐름과 협력하지 않으면 이전 명령으로 되돌아가거나 다음에 어떻게 동작할지 판단할 수 없어요.

이렇게 활약해요!

순차 흐름은 어느 프로그램에나 반드시 작동하는 흐름이며, 순차 흐름만으로 하나의 프로그램을 완성할 수도 있습니다. 단, 무엇을 어떤 순서로 컴퓨터에 지시하는지에 따라 효율이 달라지므로, 명령하는 순서를 잘 생각해야만 합니다.

이것이 알고 싶다! 알고리즘의 유래

알 콰리즈미의 동상

'알고리즘'이라는 말은 9세기 바그다드(현재 이라크의 수도)에서 활약한 수학자 알 콰리즈미(al-Khwarizmi)의 이름에서 유래했다고 합니다. 알 콰리즈미가 저술한 수학 책은 오랜 기간 유럽의 대학에서 수학 교과서로 사용되었습니다. 이 교과서 처음에 'algoritmi dicti(알 콰리즈미가 말하길…)'라는 문장이 있는데, 거기서 의미가 바뀌어 '계산하는 절차'를 알고리즘이라고 부르게 되었습니다.

*사진 출처: https://mdf.or.id/

알고리즘

조건분기 흐름

다음에 실행할 명령을 결정하는 심판자!

어떤 흐름일까?

조건분기 흐름은 정해진 조건을 만족하는지에 따라 그 뒤에 실행할 명령을 결정합니다. 조건을 만족할 경우와 그렇지 않은 경우의 동작을 미리 정해 둠으로써, 작업 진행 상태나 주변 환경에 맞춰 동작하는 프로그램을 만들 수 있습니다. 조건분기의 기능을 보고 '선택 흐름'이라고 부르기도 합니다.

기본 데이터

- 성격
  - 망설이지 않음
- 트레이드마크
  - 마름모꼴
- 말버릇
  - 만약 ~라면?
- 이름의 의미
  - 조건에 따라 행동을 바꾸는 흐름

"조건이 이러니까… 다음 행동은 이거구나!"

특기

프로그램 중간에 만약 '예'라면 A, '아니오'라면 B를 실행하는 것과 같이, 어떤 조건을 만족하는지에 따라 다음에 실행할 명령을 변경하고 싶을 때 조건분기 흐름이 등장합니다. 반복 흐름과 조합하면 더욱 복잡한 프로그램을 만들 수도 있답니다!

이렇게 활약해요!

게임을 하다 보면 '스테이지를 클리어하려면 적을 10명 해치워야 한다' 같은 미션이 나오는 경우가 있습니다. 조건분기는 바로 이런 게임이나 시뮬레이션을 만들 때 활약하는 알고리즘입니다.

캐릭터 도감 ⑪ ● 조건분기 흐름

이것이 알고 싶다! 흐름도에서 사용하는 도형의 의미

프로그램의 시작부터 끝까지 도형으로 나타낸 것을 '흐름도'라고 합니다. 흐름도는 몇 가지 도형과 화살표의 조합으로 구성되며, 사용되는 도형 형태에는 각각 의미가 있습니다. 예를 들어 원형, 또는 모서리가 둥근 사각형은 프로그램의 '시작'과 '끝'을 의미하고, 처리되는 행동 절차는 직사각형으로 나타냅니다. 그리고 어떤 조건을 만족하는지 판단할 때는 마름모꼴로 나타냅니다.

- 시작과 끝
- 판단
- 처리

알고리즘
반복 흐름

같은 작업을 반복할 때는 나를 불러 줘

어떤 흐름일까?

반복 흐름은 프로그램 안에서 같은 명령에 의한 작업을 반복해서 실행합니다. 명령을 계속 반복할지, 끝내고 다음 명령으로 진행할지는 조건으로 정해져 있고, 그 조건이 만족될 때까지는 오로지 같은 작업을 반복합니다.

조건이 정해지는 시점은 작업 실행 전과 후로 2가지가 있습니다.

기본 데이터

☐ 성격
- 깍쟁이

☐ 트레이드마크
- 거슬러 올라가는 화살

☐ 말버릇
- 한 번 더!

☐ 이름의 의미
- 같은 작업을 반복하는 흐름

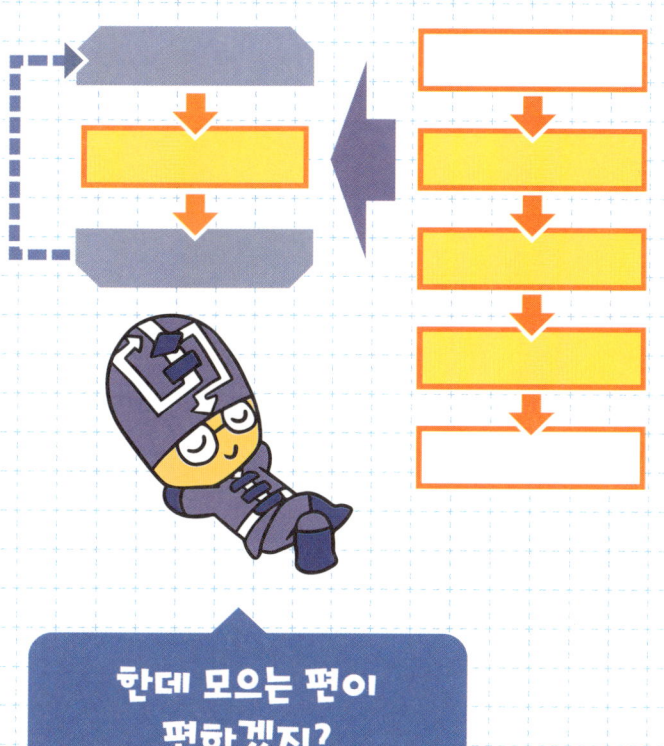

특기

프로그램에서 같은 작업을 반복할 필요가 있을 때 반복 흐름을 사용합니다. 반복을 계속하는 조건이나 종료하는 조건을 정해 두면 나머지는 컴퓨터가 자동으로 필요한 만큼 같은 작업을 계속해 줍니다. 단, 조건은 정확하게 정해 둬야 한답니다!

이렇게 활약해요!

순차 흐름으로도 같은 작업을 반복할 수는 있습니다. 하지만 같은 명령을 몇 번이고 작성하는 것은 번거롭고, 프로그램이 길어져 버립니다. 반복 흐름을 사용하면 프로그램 전체를 짧게 정리할 수 있고, 그만큼 컴퓨터가 사용하는 에너지도 적게 듭니다.

한데 모으는 편이 편하겠지?

이것이 알고 싶다! 일상에서 쓸 수 있는 알고리즘 사고방식

프로그램을 만들 때는 같은 작업을 더 적은 단계로 더 빠르게 마칠 수 있는 알고리즘을 생각합니다. 이런 사고방식을 이용하면, 일상생활에서도 다양한 작업을 효율적으로 할 수 있습니다. 예를 들어, 양배추 잎 10장을 채 썰어야 할 때 어떤 순서로 진행하면 좋을까요? 1장씩 자르는 작업을 10번 반복해도 되지만, 5장씩 겹쳐서 같은 작업을 2번 반복하면 훨씬 빨리 끝나겠지요!

프로그램은 어떻게 만들까?

컷 1
리코, 이 흐름들과 협력해서 과제를 해결해 보자!

과제라니… 어떤 거?

컷 2
생각해 보자~ 여기 다람쥐 10마리가 있어.

와! 귀여워~!

컷 3
그런데 전부 도망쳐 버린 거야.

철컹
폴짝
깜~짝
?!

컷 4
순차, 조건분기, 반복을 조합해서 이 과제를 해결하는 알고리즘을 생각하는 거야.

폴짝
뭐, 뭐라고?! 잡아야 하는 사람도 좀 생각해 줘!

3개의 기본 흐름을 잘 조합해서 과제를 해결하자!

컴퓨터에 지시를 내리기 위해서는 필요한 동작을 구체적으로 전달해야 하지요. 프로그램을 만들 때는 우선 과제 해결에 필요한 동작이 무엇인지 생각하고, 그 동작을 실행하는 절차, 즉 알고리즘을 고안하는 것부터 시작합니다. 오른쪽 페이지처럼 알고리즘 전체를 그림으로 나타낸 것을 '흐름도'라고 합니다. 순차, 조건분기, 반복이라는 3가지 기본 흐름을 잘 조합해서 과제를 해결하기 위한 알고리즘의 흐름도를 그려 봅시다!

흐름도를 그려 보자!

도망쳐 버린 10마리의 다람쥐를 케이지에 되돌려 놓으려면 어떤 알고리즘을 사용해야 할까요?

우선 필요한 동작을 모두 써보고, 어떤 순서로 행동할지 생각해 봅시다.

필요한 동작의 예
- 다람쥐를 찾는다
- 다람쥐를 잡는다
- 다람쥐를 케이지에 넣는다
- 다람쥐를 뒤쫓는다
- 다람쥐 수를 센다
- 케이지 문을 잠근다

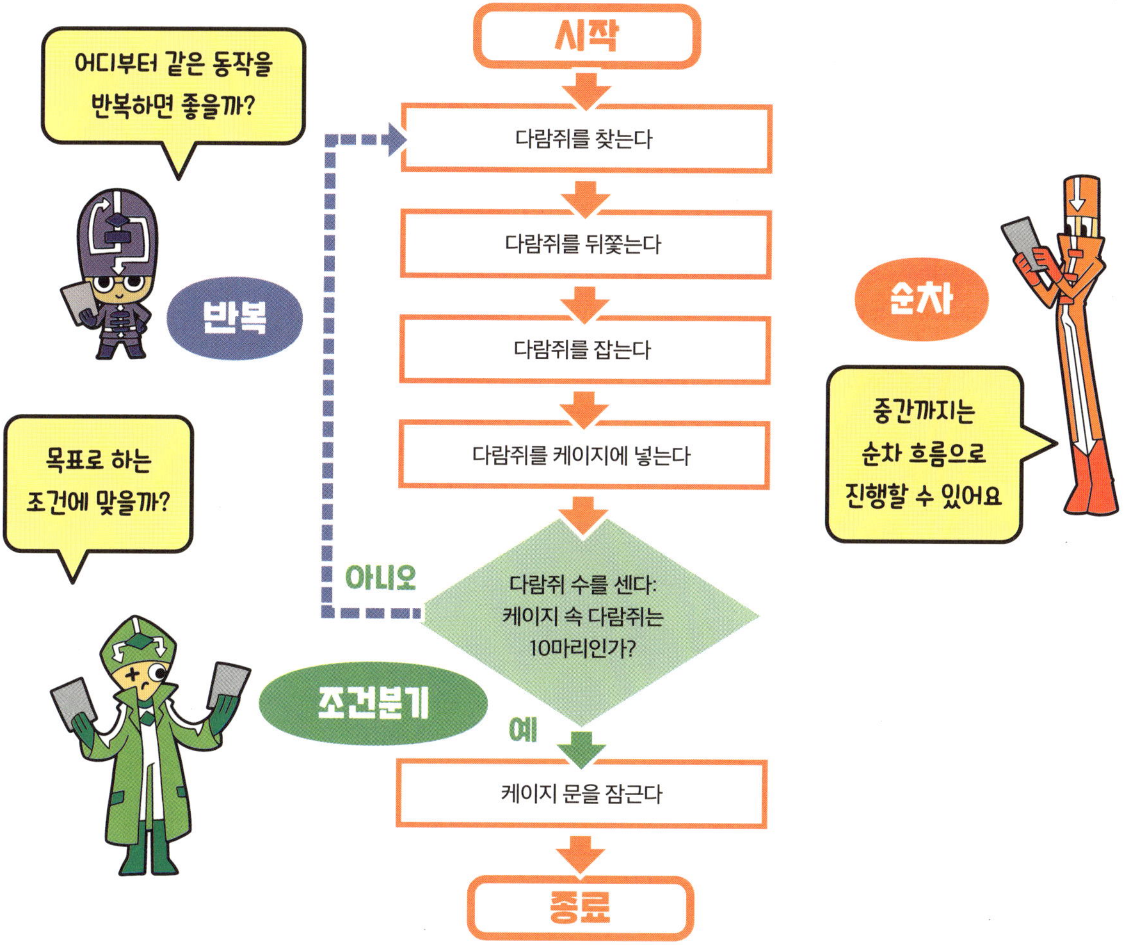

어디부터 같은 동작을 반복하면 좋을까? — **반복**

목표로 하는 조건에 맞을까?

중간까지는 순차 흐름으로 진행할 수 있어요 — **순차**

시작 → 다람쥐를 찾는다 → 다람쥐를 뒤쫓는다 → 다람쥐를 잡는다 → 다람쥐를 케이지에 넣는다 → [조건분기] 다람쥐 수를 센다: 케이지 속 다람쥐는 10마리인가?
- 아니오 → 다람쥐를 찾는다 (반복)
- 예 → 케이지 문을 잠근다 → 종료

Q9 알고리즘의 정답은 하나뿐일까?

 **알고리즘에는 다양한 패턴이 있어요.**

같은 과제에도 다양한 해결 방법이 있을 수 있습니다. 알고리즘에 정해진 정답은 없고, 어떤 알고리즘으로 목적을 달성할지는 프로그래머에게 달렸습니다. 하지만 과제를 해결할 수 있다고 해서 어떤 알고리즘이라도 괜찮다는 것은 아닙니다. 최대한 적은 단계로 빠르게 과제를 해결하는 것이 우수한 알고리즘입니다. 3가지 기본 흐름을 어떻게 조합해서 어떤 순서로 동작을 실행하면 좋을지 스스로 연구해 보세요!

더 빠르게 과제를 해결하는 알고리즘을 생각해 보자

도망친 10마리의 다람쥐를 더 빨리 케이지에 넣는 방법을 고민해 봅시다.

왕복 횟수를 줄이려면?

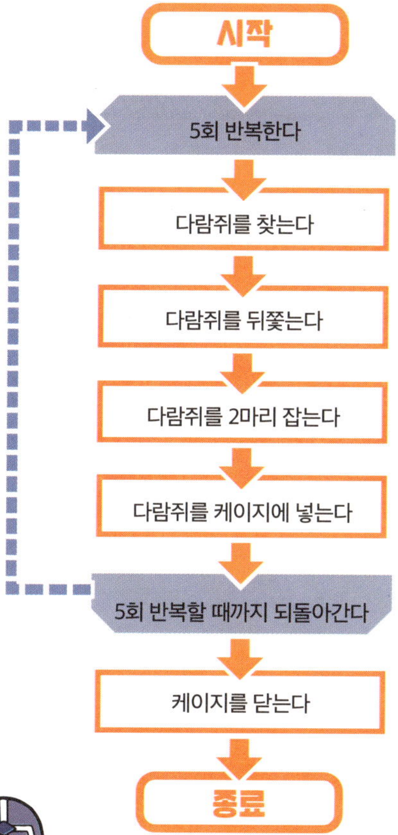

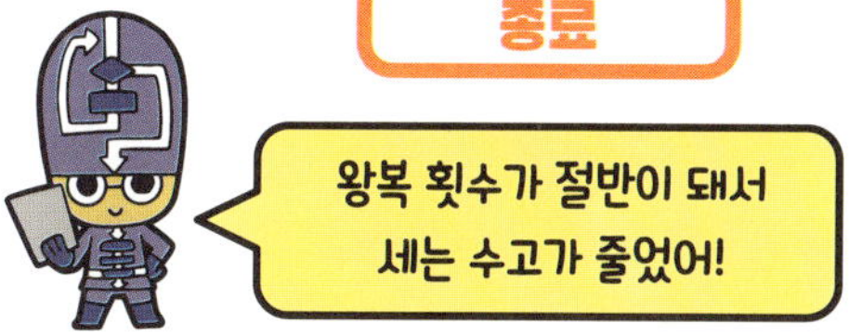

```
시작
  ↓
5회 반복한다
  ↓
다람쥐를 찾는다
  ↓
다람쥐를 뒤쫓는다
  ↓
다람쥐를 2마리 잡는다
  ↓
다람쥐를 케이지에 넣는다
  ↓
5회 반복할 때까지 되돌아간다
  ↓
케이지를 닫는다
  ↓
종료
```

왕복 횟수가 절반이 돼서 세는 수고가 줄었어!

도구를 사용하면 어떻게 될까?

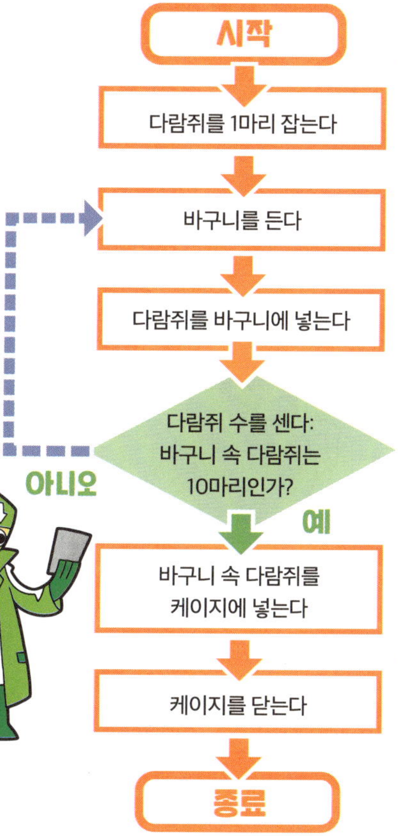

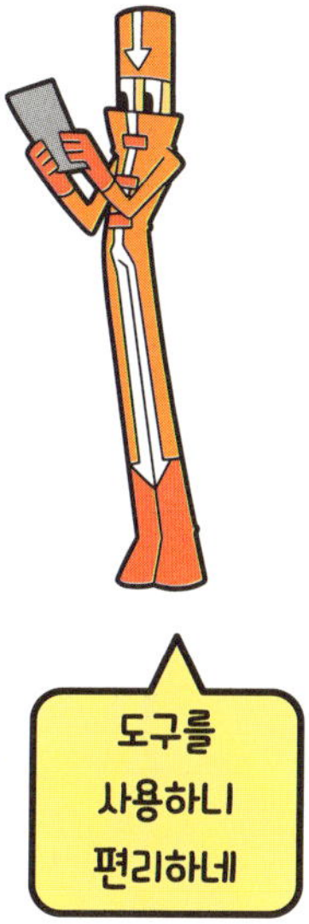

```
시작
  ↓
다람쥐를 1마리 잡는다
  ↓
바구니를 든다
  ↓
다람쥐를 바구니에 넣는다
  ↓
다람쥐 수를 센다:
바구니 속 다람쥐는 10마리인가?
  → 아니오 (되돌아감)
  → 예
  ↓
바구니 속 다람쥐를 케이지에 넣는다
  ↓
케이지를 닫는다
  ↓
종료
```

도구를 사용하니 편리하네

케이지가 멀 때는 이 편이 빠를지도!

Q10 프로그램이 잘 작동하지 않는다면?

A 프로그램 속의 오류를 찾아내 바르게 고쳐 보자!

프로그래밍을 하다 보면, 갑자기 동작이 멈춰 버릴 때가 있어요. 이럴 때는 프로그램 어딘가에 버그(오류 또는 에러라고도 한다)가 있다고 생각하세요. 프로그램 어디가 잘못됐는지 찾아내고 바르게 고치는 것도 프로그래머에게 중요한 작업입니다. 누구나 실수할 수 있으므로, 버그가 생기는 건 드문 일이 아닙니다. 버그를 찾아내는 '디버거'라는 소프트웨어와 협력해서 프로그램 어디에 버그가 숨어 있는지 밝혀냅시다!

버그란 무엇일까?

버그가 있으면 이렇게 된다!

프로그램이 이상한 동작을 한다

프로그래머가 프로그래밍으로 지시한 것과 다른 작동을 한다.

프로그램이 갑자기 멈춘다

프로그램이 갑자기 멈춰서 움직이지 않게 되고, 강제 종료나 재부팅이 필요하다.

화면에 메시지가 뜬다

화면에 작은 창이 나타나 오류(에러) 내용이 표시된다.

버그는 이럴 때 나타난다!

• 글자나 기호가 틀렸을 때

글자나 기호를 잘못 입력하거나 순서가 틀려서, 뜻이 통하지 않는 프로그램이 된 경우

예시

강아지 사료를 산다
↓
강아지에게 사진을 준다
↓
강아지 사료를 치운다

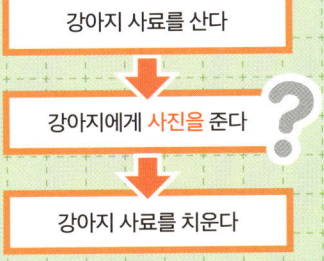

한 글자만 틀려도 뜻이 전혀 달라져!

• 지시가 논리적으로 틀렸을 때

동작 실행 순서를 잘못 지정해서 이상한 실행 결과가 나오는 경우

예시

신발을 신는다
↓
양말을 신는다
↓
밖으로 나간다

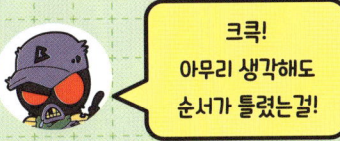

크큭! 아무리 생각해도 순서가 틀렸는걸!

오류
버그

프로그램을 이상하게 만드는 방해꾼!

어떤 존재일까?

열심히 만든 프로그램이 생각한 대로 작동하지 않는다면 프로그램 어딘가에 버그가 숨어 있기 때문입니다.
버그란 프로그램 속의 '오류'를 말합니다. 버그를 제거하지 않는 한 그 프로그램은 바르게 작동할 수 없어요.

기본 데이터

- ☐ 주요 역할
  - 🔵 프로그램 방해
- ☐ 마주칠 확률
  - 🟢 ★★★★★
- ☐ 이름의 의미
  - 🟠 벌레
- ☐ 다른 이름
  - 🔴 오류

> 아니! 이 글자는 틀렸잖아~ 크하하하하!

특기

곤란하게도 버그는 프로그래머가 눈치채지 못하는 사이에 프로그램을 멈춰 버리는 일을 아주 잘합니다. 하나의 프로그램 속에 많은 버그가 숨어 있을 때도 있는데, 그런 경우 모든 버그를 찾아내서 수정하지 않으면 프로그램이 바르게 작동하지 않습니다.

이렇게 활약해요!

프로그램의 명령문 중 한 글자만 틀려도 버그가 나타나기 때문에 명령문을 정확하게 입력하도록 주의합니다. 또한, 명령문의 순서가 틀려도 버그가 발생합니다. 주의 깊게 프로그램을 입력하는 것만으로도 버그를 줄일 수 있습니다.

캐릭터 도감 ⑬ 버그

이것이 알고 싶다! 어째서 '버그'라고 할까요?

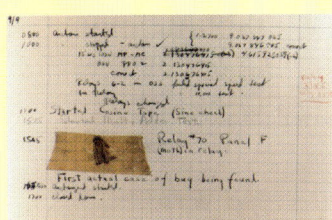

일지에 테이프로 고정한 버그(벌레)

버그는 영어로 '벌레'라는 뜻입니다. 프로그램의 오류를 가리키는 말로 사용된 것은 1945년 무렵부터입니다. 당시 미국의 컴퓨터 연구자 그레이스 호퍼가 고장 난 컴퓨터를 조사했는데, 안에 들어간 벌레 한 마리가 동작 불량의 원인이었다는 점을 발견했습니다. 호퍼는 그 사실을 일지에 기록했고, 그때부터 버그가 컴퓨터의 오류를 가리키는 말이 되었습니다.

*사진 출처: 셔터스톡

소프트웨어
디버거

버그를 찾아내는 믿음직한 경비원!

어떤 소프트웨어일까?

프로그램 속에 숨어 있는 버그를 모두 찾아내기란 쉽지 않습니다. 그럴 때 큰 힘이 되어 주는 친구가 디버거입니다.
디버거는 프로그램 어디에 버그가 있는지 찾아 주는 소프트웨어입니다. 단, 디버거는 버그를 찾는 것까지만 도와줍니다. 버그를 수정하는 것은 사람이 직접 해야만 하지요.

기본 데이터

- □ 주요 역할
  - 🔵 버그 발견
- □ 신뢰도
  - 🟢 ★★★★★
- □ 사용 빈도
  - 🟠 ★★★★★
- □ 이름의 의미
  - 🔴 벌레를 제거하는 사람

> 잡았다!
> 수정될 때까지
> 얌전히 있어!

특기

버그 때문에 프로그램이 제대로 작동하지 않아도, 버그가 어디에 있는지 바로 발견하지 못할 때가 있습니다. 하지만 디버거가 있으면 프로그램이 어디에서 멈추는지 알 수 있기 때문에, 버그를 발견하기 쉬워집니다.

이렇게 활약해요!

복잡한 프로그램에서도 어디에 버그가 숨어 있는지 빠르게 찾아내는 디버거는 프로그래머의 믿음직스러운 파트너입니다. 프로그래밍 초보자가 배우는 과정에서는 물론이고, 프로그래머가 작업하는 현장에서도 크게 활약하고 있습니다.

캐릭터 도감 ⑭ 디버거

이것이 알고 싶다! 버그를 찾는 전문 직업이 있다고?

디버거는 버그를 찾는 소프트웨어뿐만 아니라, 버그를 찾아서 수정하는 사람을 가리키기도 합니다. 게임 등에 사용되는 복잡한 프로그램의 버그를 찾을 때는 전문 회사가 디버그(버그를 찾아 고치는 작업)하는 경우도 많습니다. 디버거는 게임 등을 테스트해서 버그를 찾아냅니다. 재미있어 보이지만, 끈기와 집중력이 필요한 매우 중요한 작업입니다.

칼럼 | 프로그래밍으로 키울 수 있는 능력

"프로그래밍과 함께 우리도 조금씩 성장할 수 있어요."

시행착오를 통해 다양한 능력이 자라난다

프로그래밍의 장점은 머릿속에 있는 아이디어를 우리의 손으로 자유롭게, 눈에 보이는 형태로 만들 수 있다는 것입니다. 어떻게 하면 잘될지 생각하고, 만들어 보고, 버그가 있으면 수정하는 작업을 반복하는 과정에서 여러 가지 능력이 자연스럽게 생겨납니다. 그렇게 자라난 능력은 다양한 상황에서 여러분에게 도움이 될 것입니다.

프로그래밍으로 키우는 6가지 능력

문제 해결 능력

문제가 발생했을 때 그 원인과 해결 방법을 생각하는 힘

무슨 일이 일어났는지 밝혀내고, 해결 방법을 생각함으로써 길러지는 힘이랍니다.

논리적 사고력

사물이나 사건의 연관성을 이해하고 조리 있게 생각하는 힘

컴퓨터에 무엇을, 어떤 순서로 지시할지 생각하는 작업을 통해 길러지는 힘이에요.

협동력

**같은 목표를 향해서
다른 사람과 힘을 합치는 일**

누군가와 서로 아이디어를 내면서 시야가 넓어지고
더 좋은 프로그램을 만들 수 있어요.

창조력

**자신만의 방법으로
새로운 것을 만들어 내는 힘**

'이런 게 있으면 좋겠다'라는 아이디어를
실제로 만들 수 있게 되지요.

시행착오력

**'생각한다·실행한다·수정한다'를
끈기 있게 반복하는 힘**

실패를 두려워하지 않고, 자신의 아이디어를
몇 번이고 도전해 보는 힘이 길러져요.

응용력·종합력

**학습한 지식을 조합해서
새로운 과제 해결에 활용하는 힘**

직접 만드는 과정을 통해서, 따로따로 학습한 지식을
연결해서 활용하는 힘이 생겨요.

칼럼

실패는 프로그래밍의 친구

**완벽한 프로그램을 만들 수 있는 사람은 없습니다.
잘되지 않더라도 몇 번이고 다시 해봅시다!**

프로그래밍을 이제 막 배우기 시작할 무렵에는 특히나 버그가 자주 나타납니다. 계속해서 버그가 나오면 '적성에 맞지 않나 보다'라고 생각할 수도 있지만, 잠깐 기다려 보세요! 아무리 실력이 뛰어난 프로그래머라도 버그가 전혀 없는 프로그램을 한 번에 만들기는 어렵습니다.

컴퓨터를 사용하는 프로그래밍의 장점은 간단하게 다시 시도해 볼 수 있다는 것입니다. 실패해도 포기하지 말고 몇 번이고 다시 시도해서 자기 나름의 답을 찾아내는 힘을 길러 봅시다!

3장

다양한 프로그래밍 언어를 소개합니다

프로그래밍 언어는 무엇을 위해 존재할까요?
어째서 많은 종류의 언어가 있을까요?
인간 언어와 기계 언어의 차이를 소개합니다.

컴퓨터는 어떤 언어를 쓸까?

1. 이게 인간이 보내 준 프로그램이야.
팔랑

2. 으음… 이것도 전혀 모르겠지만, 숫자만 있는 거보다 나은 건가.
printf("a = ");
scanf("%d", &a);
printf("b = ");
scanf("%d", &b);
이건 인간이 이해하기 쉬운 '고수준 언어'로 쓰인 거야.

3. 이 프로그램을 0과 1로 나타낸 '기계어'로 바꿔서 모두에게 전달하는 게 내 일이지.
printf("a = ");
scanf("%d", &a);
printf("b = ");
scanf("%d", &b);
000010101010
100101010110
101001010110
아~ 그런 일을 하는구나…

4. 컴퓨터 안에 번역가가 있어서, 인간은 기계어를 쓸 필요가 없어.
그렇구나! 잘됐다~
엣헴

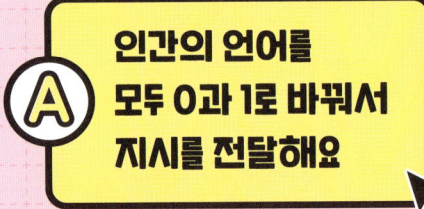

A 인간의 언어를 모두 0과 1로 바꿔서 지시를 전달해요

0과 1만으로 정보를 나타내는 '기계어'처럼 컴퓨터가 이해하기 쉬운 언어를 '저수준 언어'라고 합니다. 저수준 언어는 컴퓨터가 이해하기는 쉽지만, 인간에게는 매우 어렵게 느껴집니다.

그래서 프로그래밍할 때는 먼저 인간이 이해하기 쉬운, '고수준 언어'라고 불리는 프로그래밍 언어를 사용해서 입력합니다. 그런 다음 고수준 언어를 기계어로 번역해 주는 '컴파일러'라는 소프트웨어의 힘을 빌려 컴퓨터에 프로그램을 전달하는 것입니다.

컴퓨터에 지시가 전달되기까지

프로그래밍 언어에는 '고수준 언어'와 '저수준 언어'가 있다

인간이 이해하기 쉬운 것이 고수준 언어고, 컴퓨터가 이해하기 쉬운 것이 저수준 언어예요.

고수준 언어
`<p style=" border: 1px solid #cccccc;..`

읽고 쓰기 쉬워!

저수준 언어 (기계어 등)
111000111000001 0101011100….

이거라면 이해할 수 있지

컴퓨터 안에 가득한 회로의 온/오프를 전환해 전기신호로 정보를 전달한다

컴퓨터가 1을 읽어 들인다

회로 스위치 온!

컴퓨터가 0을 읽어 들인다
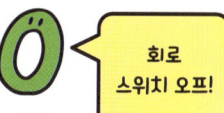
회로 스위치 오프!

인간이 이해하는 고수준 언어를 컴퓨터가 이해하는 기계어로 번역해서 전달한다

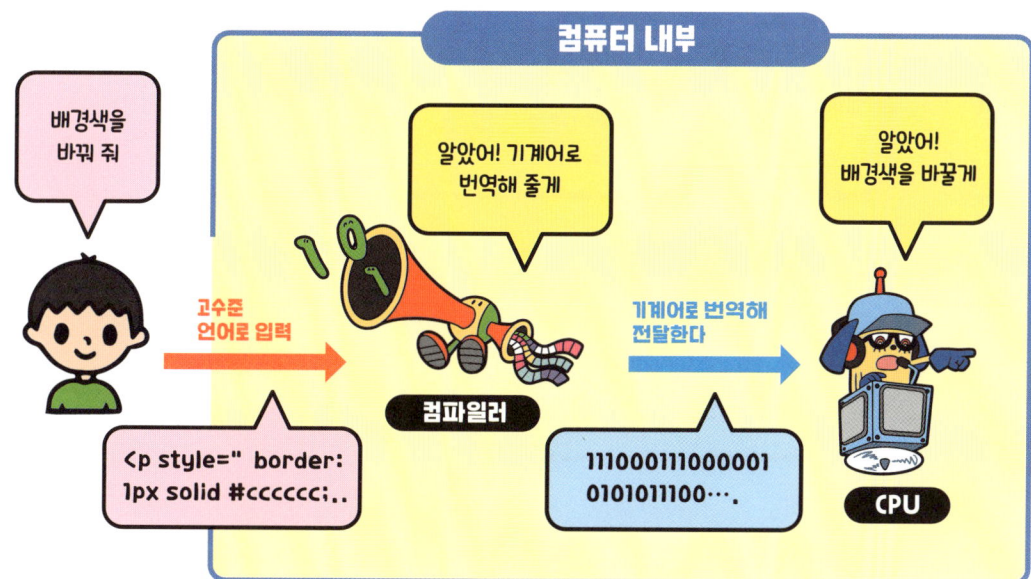

컴퓨터 내부

배경색을 바꿔 줘 → 고수준 언어로 입력 → 컴파일러: 알았어! 기계어로 번역해 줄게 → 기계어로 번역해 전달한다 → CPU: 알았어! 배경색을 바꿀게

`<p style=" border: 1px solid #cccccc;..`

111000111000001 0101011100….

소프트웨어
컴파일러

컴퓨터와 인간을 이어 주는 번역가!

어떤 소프트웨어일까?

컴퓨터가 읽을 수 있는 언어는 0과 1 두 가지 숫자로만 표현되는 '기계어'뿐입니다. 하지만 기계어를 읽고 쓰는 것은 인간에게 매우 어려운 일입니다.

그래서 컴파일러가 등장했습니다! 컴파일러는 인간이 이해하기 쉬운 '고수준 언어'로 작성된 프로그램을 기계어로 번역해 컴퓨터에 전달합니다.

기본 데이터

- □ 주요 역할
  - 🔵 번역
- □ 사용 빈도
  - 🟢 ★★★★★
- □ 신뢰도
  - 🟠 ★★★★★
- □ 친한 친구
  - 🔴 0&1, 프로그래밍 언어들

캐릭터 도감 ⑮ 컴파일러

특기

프로그래머가 고수준 언어로 작성한 프로그램을 '소스코드'라고 합니다. 컴파일러는 소스코드 전체를 한 번에 읽어 들여, 몇 가지 단계를 밟아 각각의 컴퓨터 시스템에 맞는 기계어 프로그램을 만들어 줍니다.

소스코드야, 기계어로 변해라~!

이렇게 활약해요!

컴퓨터는 지시를 받지 않으면 작동할 수 없으므로, 인간의 명령을 컴퓨터에 전달해 주는 컴파일러는 프로그래머에게 꼭 필요합니다. 어느 컴퓨터에서든 컴파일러와 비슷한 기능을 하는 소프트웨어가 활약하고 있습니다.

비슷한 친구 인터프리터

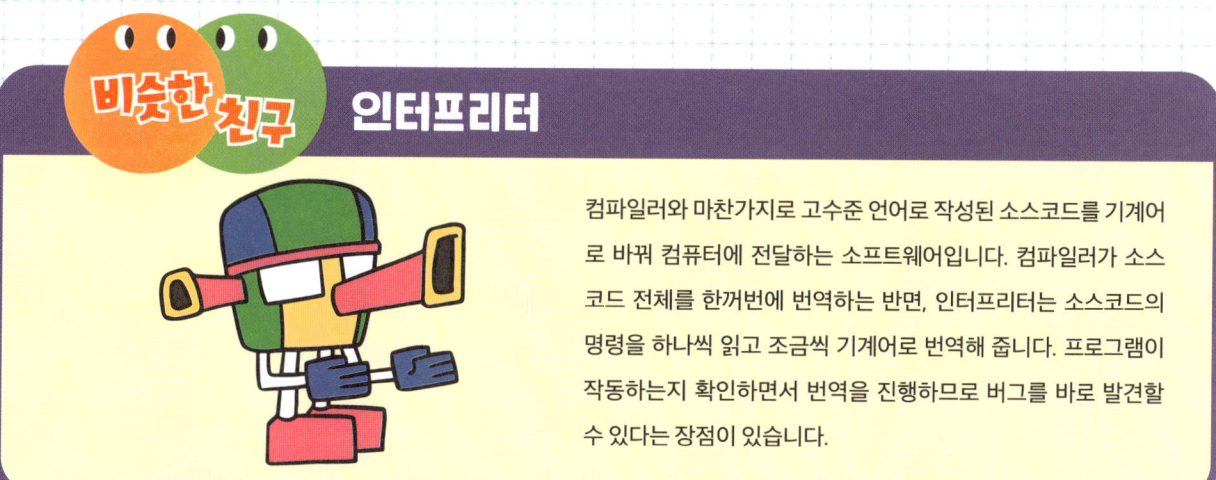

컴파일러와 마찬가지로 고수준 언어로 작성된 소스코드를 기계어로 바꿔 컴퓨터에 전달하는 소프트웨어입니다. 컴파일러가 소스코드 전체를 한꺼번에 번역하는 반면, 인터프리터는 소스코드의 명령을 하나씩 읽고 조금씩 기계어로 번역해 줍니다. 프로그램이 작동하는지 확인하면서 번역을 진행하므로 버그를 바로 발견할 수 있다는 장점이 있습니다.

Q12 0과 1로 어떻게 정보를 표현할까?

※ 0과 1로 문자를 나타내는 '문자 코드'에는 다양한 종류가 있고, 만화에서 소개한 것은 하나의 예입니다.

1. 컴퓨터 세계에서는 모든 정보가 0과 1로 표현돼. 컴퓨터는 0과 1밖에 이해하지 못하기 때문이지.

2. 0과 1을 프로그래밍한 대로 나열해서 여러 가지를 표현할 수 있어. 오~ 예를 들면?

3. 그럼 여러분, 알파벳 'A'! 네에! 01000001 사삭 오오~! 이게 컴퓨터 세계의 'A'야

4. 이런 식으로 많이 모이면 음악이나 영상 같은 것도 표현할 수 있어. 작아도 모이면 대단한 일을 할 수 있구나!

A 0과 1을 많이 조합해서 표현하고 있어요!

컴퓨터가 다루는 정보를 '데이터'라고 하고, 데이터의 가장 작은 단위를 '비트'라고 합니다. 비트의 수가 늘어나면 '바이트'가 되어, 데이터 양을 나타내는 단위의 이름이 달라집니다. 비트가 늘어날수록 0과 1 조합의 수도 늘어납니다. 이 0과 1 조합의 수가 늘어날수록 복잡한 정보를 많이 나타낼 수 있습니다.

컴퓨터 안에서는 문자나 이미지, 동영상, 음악 등 온갖 정보가 모두 0과 1의 조합으로 표현됩니다.

문자도 사진도 음악도 모두 0과 1로 표현할 수 있다!

0과 1 조합의 수로 표현할 수 있는 정보량이 정해진다

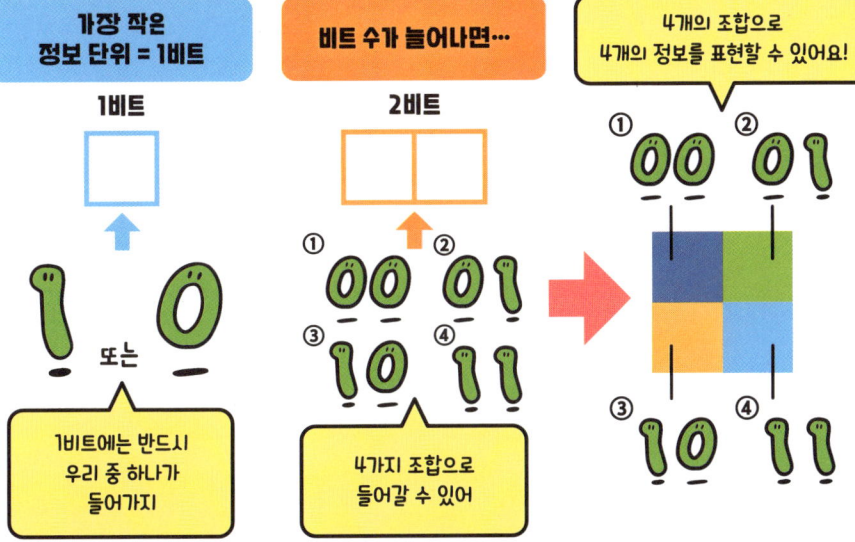

- 가장 작은 정보 단위 = 1비트
- 1비트
- 1비트에는 반드시 우리 중 하나가 들어가지
- 비트 수가 늘어나면…
- 2비트
- 4가지 조합으로 들어갈 수 있어
- 4개의 조합으로 4개의 정보를 표현할 수 있어요!

늘어나면 늘어날수록 복잡한 정보를 표현할 수 있다!

비트가 8개 모이면 1B(바이트)가 되어, 단위 이름이 바뀝니다. 그 다음은 비트가 증가함에 따라 K(킬로), M(메가), G(기가) 등의 이름을 B 앞에 붙여 데이터 크기를 나타냅니다.

1KB = 1024B(바이트) =  500자 정도의 메일 1통 분량

1MB = 1024KB(킬로바이트) =  선명한 사진 1장 분량

1GB = 1024MB(메가바이트) =  음악 약 240곡 분량

* 위의 정보량으로 표현한 내용은 대략적인 것입니다.

0 & 1

많이 모이면
가능성은 무한대!

어떤 존재일까?

컴퓨터가 읽을 수 있는 '기계어' 전체를 조합하는 것이 0과 1, 이 두 가지 숫자입니다. 0과 1이 많이 모여서 프로그래밍에서 지시된 대로 나열되면, 놀라울 정도로 다양한 정보를 표현할 수 있습니다.

0과 1을 나열해서 정보를 나타내는 '문자 코드'에는 다양한 종류가 있습니다.

기본 데이터

☐ 주요 역할
　● 정보 나타내기
☐ 단결력
　● ★★★★★
☐ 성격
　● 외로움을 많이 타는 편
☐ 친한 친구
　● 컴파일러

> 우리가 모이면 무엇이든 표현할 수 있어요!

특기

많이 모이면 모일수록 복잡한 정보를 표현할 수 있습니다. 예를 들어, 8비트 데이터라면 0과 1의 조합의 수가 256가지입니다. 즉 256종류의 정보를 0과 1만으로 표현할 수 있는 것입니다. 문자나 기호뿐만 아니라 이미지나 음악도 나타낼 수 있습니다.

이렇게 활약해요!

컴퓨터는 0과 1을 읽어 들여 회로에 전기신호가 흐르는지 판단해 정보를 전달하므로, 모든 컴퓨터 안에서는 0과 1이 활약하고 있는 것입니다. PC나 가전제품을 조작하기 위한 정보도 모두 0과 1로 전달됩니다.

이것이 알고 싶다! 0과 1뿐인 세계 '2진수'

2진수의 증가 방식

0 → 1 → 10 → 11 → 100 …

(1 다음은 자릿수가 올라간다)

10진수의 증가 방식

1 → 2 → 3 → 4 → 5 …

(9 다음은 자릿수가 올라간다)

컴퓨터에서 0과 1만 사용하는 숫자 표시 체계를 '2진수'라고 합니다. 2진수에서는 각각의 위치에 있는 수가 0에서 1까지 증가하면, 원래 위치에 있던 수는 다시 0으로 되돌아가고 자릿수가 하나 올라갑니다. 우리는 보통 각 자리의 숫자가 10이 되면, 자릿수가 올라가는 '10진수' 체계를 사용합니다. 그래서 2진수가 매우 어렵게 느껴질 것입니다. 따라서 컴파일러의 도움이 꼭 필요합니다.

Q13 프로그래밍 언어에는 무엇이 있을까?

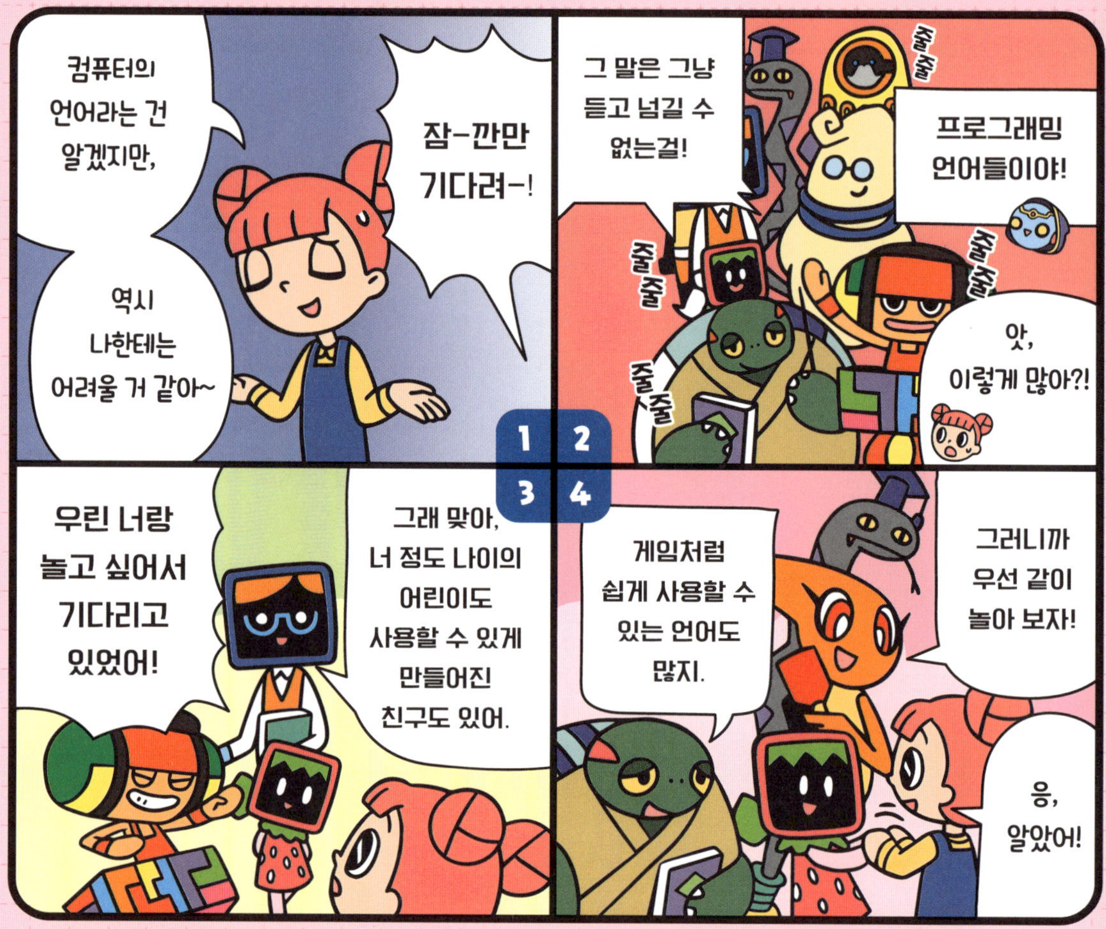

1. 컴퓨터의 언어라는 건 알겠지만, 역시 나한테는 어려울 거 같아~ / 잠-깐만 기다려-!

2. 그 말은 그냥 듣고 넘길 수 없는걸! / 프로그래밍 언어들이야! / 앗, 이렇게 많아?!

3. 우린 너랑 놀고 싶어서 기다리고 있었어! / 그래 맞아, 너 정도 나이의 어린이도 사용할 수 있게 만들어진 친구도 있어.

4. 게임처럼 쉽게 사용할 수 있는 언어도 많지. / 그러니까 우선 같이 놀아 보자! / 응, 알았어!

A 간단한 것부터 어려운 것까지 여러 종류가 있어요

고수준 프로그래밍 언어에는 여러 종류가 있어, 목적이나 성향에 맞게 선택할 수 있습니다. 인간의 언어와 마찬가지로 언어에 따라 사용되는 단어나 문법이 정해져 있어서, 어려운 정도도 제각각입니다.

웹 사이트를 잘 만드는 언어, 게임이나 앱을 만드는 데 적합한 언어, 어렵지만 무엇이든 만들 수 있는 언어 등 다양한 개성을 가진 언어가 있으므로, 나에게 잘 맞는 언어를 꼭 발견할 수 있을 거예요!

프로그래밍 언어의 종류

프로그래밍 언어는 크게 2가지 타입이 있습니다.

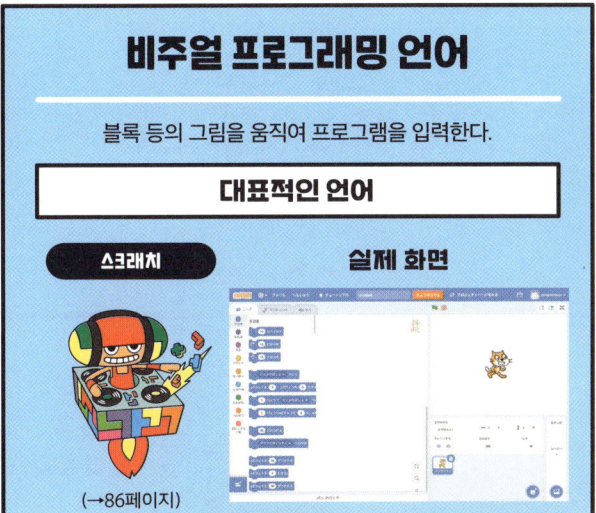

비주얼 프로그래밍 언어

블록 등의 그림을 움직여 프로그램을 입력한다.

대표적인 언어

스크래치

실제 화면

(→86페이지)

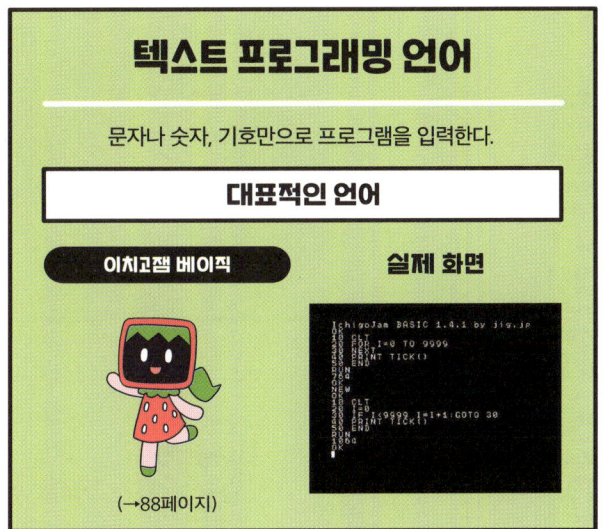

텍스트 프로그래밍 언어

문자나 숫자, 기호만으로 프로그램을 입력한다.

대표적인 언어

이치고잼 베이직

실제 화면

(→88페이지)

언어에 따라 개성이나 잘하는 일이 다양해요!

- 한글로도 쉽게 다룰 수 있어 — 두리틀 (→90페이지)
- OS 만들기라면 바로 나지 — C언어 (→92페이지)
- 게임이나 앱은 내게 맡겨 — 자바 (→94페이지)
- 웹 사이트는 내 전문이야! — 자바스크립트 (→96페이지)
- AI 개발이 내 특기지~ — 파이썬 (→98페이지)

프로그래밍 언어

스크래치(Scratch)

아이들을 사랑하는 블록의 마술사!

어떤 언어일까?

전 세계에서 인기 있는 비주얼 프로그래밍 언어입니다. 어린이도 프로그래밍을 재미있게 배울 수 있도록 만들어졌습니다. '~만큼 움직이기', '~도 회전하기', '~번 반복하기' 등의 동작이 적힌 형형색색의 블록을 퍼즐처럼 조합해서 누구라도 간단히 프로그램을 만들 수 있습니다.

기본 데이터

- □ 태어난 해
  - 🔵 2006년
- □ 태어난 곳
  - 🟢 미국
- □ 개발자
  - 🟠 미첼 레스닉
- □ 언어 타입
  - 🔴 비주얼

특기

자신만의 인터랙티브 스토리(사용자 선택에 따라 흐름이 바뀌는 이야기)나 게임, 애니메이션 등을 만드는 것이 특기입니다. 만든 작품을 온라인 커뮤니티에 공개해서 다른 사람들과 새로운 작품을 함께 만들 수도 있습니다.

이런 사람에게 추천해요

게임을 하는 것처럼 재미있게 프로그래밍을 경험해 보고 싶은 사람, 프로그래밍에 처음 도전하는 사람에게 적합한 언어입니다. 자기가 만든 작품을 통해서 전 세계 사람들과 온라인 커뮤니티에서 교류해 보고 싶은 사람에게도 추천합니다.

> 어렵게 생각하지 않아도 바로 같이 놀 수 있어!

비슷한 친구 : 비스킷(Viscuit)

스크래치처럼 문자로 프로그램을 입력할 필요가 없는 비주얼 프로그래밍 언어입니다. 일본의 프로그래밍 언어 개발자인 하라다 야스노리가 2003년에 만들었습니다. '안경'이라는 시스템을 사용해서 자기가 그린 그림이 움직이는 창작 애니메이션이나 게임, 그림책 등을 간단히 만들 수 있습니다. 공식 사이트에서는 '쉬움', '보통', '어려움' 3가지 수준별 놀이 방법을 소개하고 있습니다.

프로그래밍 언어
베이직 & 이치고잼 베이직

베이직

이치고잼 베이직

누구와도 금방 친해질 수 있어!

어떤 언어일까?

베이직(BASIC)은 수학 교수가 '수학자가 아닌 사람도 배우기 쉬운 언어'를 목표로 만든 교육용 프로그래밍 언어입니다. 베이직의 등장으로 공학이나 의학, 예술 등 다양한 분야의 학생들이 프로그래밍을 배우게 되었습니다.

이치고잼 베이직(IchigoJam BASIC)은 베이직을 기반으로 만들어진 초등학생용 프로그래밍 언어입니다.

기본 데이터

- ☐ 태어난 해
  - 베이직: 1964년
  - 이치고잼 베이직: 2014년
- ☐ 태어난 곳
  - 베이직: 미국
  - 이치고잼 베이직: 일본
- ☐ 개발자
  - 베이직: 존 케메니
  - 이치고잼 베이직: 후쿠노 다이스케
- ☐ 언어 타입
  - 텍스트

여러분이 텍스트 프로그래밍과 친해질 수 있길 바라요!

특기

베이직은 간단해서 프로그래밍 초보자가 텍스트 프로그래밍을 가볍게 경험할 수 있게 해줍니다.
이치고잼 베이직은 '이치고잼(IchigoJam)'이라는 어린이용 컴퓨터와 앱을 사용해 초등학생도 쉽게 프로그래밍을 경험할 수 있습니다.

이런 사람에게 추천해요

스크래치 등으로 비주얼 프로그래밍을 한번 경험하고, 다음으로 텍스트 프로그래밍에 도전해 보고 싶은 사람에게 적합합니다. 이치고잼 베이직이 있으면 인터넷에 연결되지 않은 곳에서도 프로그래밍을 즐길 수 있습니다.

비슷한 친구 — 코볼(COBOL)

베이직처럼 다루기 쉬운 언어를 목표로 만들어졌습니다. 프로그래밍 교육을 목적으로 만들어진 베이직과는 달리, 코볼은 비즈니스용 소프트웨어를 만드는 데 드는 시간과 비용을 줄이기 위해 개발되었습니다. 1959년에 만들어진, 역사가 오래된 언어지만 안정적이고 다양한 컴퓨터를 지원하기 때문에, 지금도 금융업계나 행정기관 등에서 널리 사용되는 인기 언어입니다.

프로그래밍 언어
두리틀(Dolittle)

한국어로 프로그래밍을 즐기자!

어떤 언어일까?

교육용으로 만들어진 프로그래밍 언어입니다. 프로그램의 명령어가 일본어 기반으로 만들어져 있지만 한국어판도 있습니다. 터틀(거북이)이라고 불리는 커서가 트레이드마크입니다. 이름의 유래는 '조금만 한다'라는 의미의 영어 'do little'로, '할 일이 적게 = 간단히 프로그램을 작성할 수 있게' 하기 위해 만들어진 프로그래밍 언어라는 뜻입니다.

기본 데이터

- □ 태어난 해
  - ● 2000년
- □ 태어난 곳
  - ● 일본
- □ 개발자
  - ● 가네무네 스스무
- □ 언어 타입
  - ● 텍스트

> 한국어를 사용할 수 있어서 이해하기 쉽지요~

특기

커서를 조작해서 도형을 그리거나 게임을 만드는 것 외에 음악을 연주하는 프로그램을 만들 수도 있습니다. 몇 가지 악기를 조합해서 멜로디를 만들고, 마치 밴드나 오케스트라처럼 합주도 할 수 있습니다.

이런 사람에게 추천해요

일본어나 한국어 텍스트 프로그래밍에 도전해 보고 싶은 사람에게 적합한 언어입니다. 알파벳이나 기호로만 프로그램을 작성하는 다른 프로그램 언어와 달리, 친숙한 언어로 시작할 수 있어 심리적 장벽이 훨씬 낮을 것입니다.

비슷한 친구 나데시코

두리틀처럼 일본어로 프로그램을 입력할 수 있는 프로그래밍 언어입니다. 프로그래밍 입문에 딱 맞는 간단한 언어이면서, 윈도우 컴퓨터에서의 작업에 도움을 주는 비즈니스용 언어기도 합니다. 데이터 복사, 백업(저장된 데이터를 다른 장소에 복사해 두는 것) 등 일할 때 편리하게 사용할 수 있는 명령이 1,000개 이상 준비되어 있습니다.

프로그래밍 언어

C언어

뭐든지 할 수 있는 프로그래밍계의 만능신

어떤 언어일까?

프로그래밍 언어 중 가장 인기 있지만, 매우 어려운 언어입니다. C언어를 사용하는 프로그래밍은 어렵지만 그만큼 지원하는 기기가 많고, 어떤 프로그램이든 자유롭게 만들 수 있습니다. PHP(97페이지)나 루비(99페이지) 등 C언어를 기본으로 만들어진 언어도 많습니다.

기본 데이터

- ☐ 태어난 해
  - 🔵 1972년
- ☐ 태어난 곳
  - 🟢 미국
- ☐ 개발자
  - 🟠 데니스 리치
- ☐ 언어 타입
  - 🔴 텍스트

C 언어

> 모든 종류의 소프트웨어를 만들 수 있지

특기

특히 잘하는 일이 컴퓨터 OS 만들기입니다. OS의 핵심이 되는 프로그램을 만드는 데 적합하고, 슈퍼컴퓨터에서 우주 비행 시스템까지 다양한 분야에서 사용되고 있습니다. 마이컴 프로그램도 대부분 C언어로 작성됩니다.

이런 사람에게 추천해요

장래에 프로그래밍을 직업으로 생각하고, 대학 등에서 본격적으로 프로그래밍을 배우고 싶은 사람은 꼭 도전해 보세요. 어려운 만큼 C언어를 마스터하면 다른 언어 학습이 원활해진다고 합니다!

비슷한 친구 C++

C언어가 더 진화한 프로그래밍 언어입니다. C언어의 자식과 같은 존재로, C언어와 마찬가지로 다루기 어렵습니다. C++는 프로그램 개발의 효율을 높이기 위한 다양한 기능을 갖추고 있습니다. 세계적으로 유명한 IT 기업의 시스템이나 영화에 나오는 CG를 만드는 소프트웨어에도 사용되고 있어, C언어와 함께 굉장히 인기 있는 언어입니다.

프로그래밍 언어

자바(Java)

어떤 곳에서도 척척 움직이지

어떤 언어일까?

컴퓨터 종류나 OS에 상관없이, 어떤 환경에서도 동일하게 동작하는 프로그램을 만들기 위해 개발된 프로그래밍 언어입니다. 다양한 시스템 개발에 이용할 수 있어서 폭넓은 분야에서 활약하는 언어입니다. 이름은 이 언어를 개발한 팀의 일원이 자주 다니던 카페의 메뉴인 '자바 커피'에서 따왔다는 설이 있습니다.

기본 데이터

- ☐ 태어난 해
  - 🔵 1995년
- ☐ 태어난 곳
  - 🟢 캐나다
- ☐ 개발자
  - 🟠 제임스 고슬링
- ☐ 언어 타입
  - 🔴 텍스트

캐릭터 도감 ㉑

● 자바

특기

게임이나 앱 개발에 특히 뛰어나고, 전 세계 사람이 이용하는 SNS나 동영상 배포 사이트, 구글 앱 등에 사용되고 있습니다.

일상생활 속에서 이용하는 많은 시스템이 자바로 프로그래밍 되었습니다.

같은 프로그램을 어디서든 실행할 수 있어!

이런 사람에게 추천해요

C언어와 마찬가지로 자바는 프로그래밍 초보자가 갑자기 도전하기에는 조금 어려운 언어입니다. 하지만 일단 사용할 수 있게 되면 다양한 분야에서 활용할 수 있어 앞으로 앱이나 게임 개발을 하고 싶은 사람이라면 꼭 배워야 하는 언어입니다.

비슷한 친구 고(GO)

2009년에 구글이 개발한 프로그래밍 언어입니다. 자바처럼 컴퓨터 OS 환경과 관계없이 동작하는 프로그램을 만들 수 있습니다. 여러 명의 프로그래머가 동시에 같은 프로그램을 다룰 수 있으므로, 대형 시스템 개발에 적합합니다. 최근에는 사용 편의성 덕분에 인기가 높아져, IoT나 드론 등에도 사용되고 있습니다.

프로그래밍 언어

자바스크립트(JavaScript)

빠르게 반응하며
웹 세계에서 대활약!

어떤 언어일까?

웹 브라우저상에서 동작하는 프로그램을 만드는 데 적합한 언어입니다. 사용자가 웹상에서 한 조작에 빠르게 반응하는 것이 특징으로, 웹 사이트에 혁명을 가져온 언어입니다.
덧붙여 자바와 이름이 아주 비슷하지만, 전혀 다른 언어입니다.

기본 데이터

- ☐ 태어난 해
  - 1995년
- ☐ 태어난 곳
  - 미국
- ☐ 개발자
  - 브랜든 아이크
- ☐ 언어 타입
  - 텍스트

> 어디까지라도 너의 움직임을 따라가겠어!

특기

자바스크립트는 사용자가 직감적으로 웹을 조작할 수 있게 해줍니다. 예를 들어, 웹 브라우저상에서 지도를 움직이거나 시간을 실시간으로 표시할 수 있습니다. 자바스크립트가 사용자 조작에 빠르게 반응하기 때문이에요.

이런 사람에게 추천해요

웹 애플리케이션이나 웹 애니메이션을 만들어 보고 싶은 사람에게 적합한 언어입니다. 프로가 사용하는 다른 언어와 비교하면 단순하지만, 본격적으로 잘 사용하기 위해서는 어느 정도 실력이 필요합니다. 일단 익혀 두면 반드시 강력한 아군이 되어 줄 거예요.

캐릭터 도감 22 · 자바스크립트

비슷한 친구 — PHP

자바스크립트처럼 다양한 웹 서비스나 웹 애플리케이션 개발에 사용되는 언어입니다. 전 세계 웹 사이트 대부분이 PHP를 이용한다고 합니다.
웹 사이트 방문자의 프로필이나 사이트 방문 시간대에 따라 같은 URL이라도 표시하는 내용을 바꾸는 웹 사이트를 만들 수 있어 블로그나 온라인 쇼핑몰 등에서 많이 이용됩니다.

프로그래밍 언어
파이썬(Python)

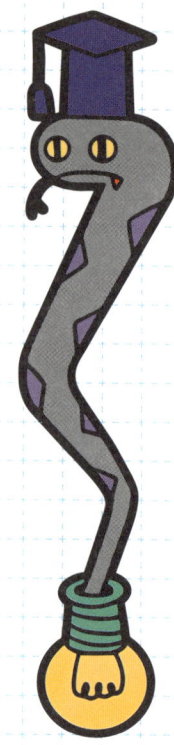

라이브러리가 자랑인
AI 트레이너

어떤 언어일까?

전 세계에서 톱클래스의 인기를 자랑하는 프로그래밍 언어입니다. 앱, 게임, 웹 사이트 등 다양한 것을 만들 수 있고, 특히 AI 개발을 할 때 도움이 되는 여러 기능을 갖추고 있습니다.
파이썬이라는 이름은 영국의 인기 코미디 프로그램 〈하늘을 나는 몬티 파이썬〉에서 가져왔다고 합니다.

기본 데이터

- ☐ 태어난 해
  - 🔵 1991년
- ☐ 태어난 곳
  - 🟢 네덜란드
- ☐ 개발자
  - 🟠 귀도 반 로섬
- ☐ 언어 타입
  - 🔴 텍스트

> 다양한 라이브러리를 갖추고 있다오~

특기

파이썬은 많은 라이브러리(특정 프로그램을 여러 개 모아서, 바로 사용할 수 있도록 만들어 둔 것)를 갖추고 있어, 목적에 맞게 구분해 사용할 수 있습니다. AI 관련 라이브러리도 많이 준비되어 있습니다.

이런 사람에게 추천해요

실용적이고 단순하며 이해하기 쉬운 파이썬은 프로그래밍 초보자라도 다루기 쉬워서, 학교에서 프로그래밍 교육을 할 때도 사용됩니다. 특히 앞으로 AI 연구나 개발에 관련된 일을 하고 싶은 사람이라면 파이썬을 배워서 손해 볼 일은 없겠지요!

캐릭터 도감 ㉓ 파이썬

루비(Ruby)

일본에서 만들어진 프로그래밍 언어 중 최초로 국제 규격(정해진 기준)으로 인정된 언어입니다. 루비는 '스트레스 없이 프로그래밍을 즐기자'는 목적으로 개발됐으며, 주로 웹 앱 개발에 사용됩니다. 파이썬과 비슷한 기능을 가지고 있지만, 루비의 개발자인 마쓰모토 유키히로는 '파이썬에 만족했으면 루비는 태어나지 못했을 것이다'라고 이야기했으며, 파이썬을 경쟁자로 여긴다고 합니다.

> 칼럼
프로그래밍 언어 학습 방법

새로운 언어가 계속해서 만들어지고 있으니 우선은 기본 사고방식을 익혀 두는 게 중요하답니다!

간단한 것부터 시작해서 한 단계씩 레벨 업하자

프로그래밍에 처음 도전한다면, 스크래치나 베이직 등 초등학생도 학습하기 쉽게 만들어진 언어를 선택하는 것을 추천합니다. 우선은 간단한 언어 하나를 확실하게 마스터해서 프로그래밍의 구조나 모든 언어에 공통적인 기본 개념을 익혀 보세요. 그렇게 하면 더 어려운 언어도 학습하기 쉬워질 거예요!

프로그래밍을 시작하기 위한 준비

도구를 준비한다

부모님이나 학교 선생님과 상의해서 자유롭게 사용할 수 있는 컴퓨터나 태블릿을 준비합시다.

사용 규칙을 정한다

컴퓨터나 태블릿의 지나친 사용을 방지하기 위해, 사용하는 시간과 장소 등 사용 규칙을 부모님과 미리 정해 둡니다.

인터넷의 위험성을 이해한다

인터넷을 이용할 때, 주소나 전화번호 등 개인정보를 함부로 알려 주지 않도록 주의하세요. 자기도 모르게 나쁜 일에 사용될지도 모릅니다.

프로그래밍 언어 선택하기

만들고 싶은 것에 맞춰 마음에 드는 언어를 선택하자

게임이나 앱 등 프로그래밍으로 만들고 싶은 것을 정한 다음, 그 목적을 달성할 수 있는 언어를 선택해서 시작합니다. 후보가 많아서 고민될 경우에는 몇 가지 시험해 보고, 마음에 드는 것을 선택해도 좋습니다. 어떤 일이든 재미있지 않으면 계속할 수 없습니다. 중요한 것은 자신이 재미있다고 생각되는 언어를 선택하는 것입니다.

프로그래밍 언어를 학습하는 방법

프로그래밍 언어를 학습하는 데는 여러 가지 방법이 있습니다. 다양하게 시도해 보고 자신에게 맞는 학습 방법을 찾아보세요!

교육 기관에 다닌다

모르는 것을 바로 질문할 수 있고, 친구들과 함께 과제도 할 수 있습니다.

주변 사람에게 배운다

주변에 프로그래밍 경험이 있는 사람이 있다면, 혼자서 조사해도 이해가 안 되는 것을 질문해 봅시다.

웹 사이트에서 조사한다

프로그래밍 언어의 공식 사이트에는 사용법뿐만 아니라 그 언어를 사용한 예제를 볼 수 있습니다.

책으로 학습한다

과제를 하면서 사용법을 학습할 수 있는 책을 활용할 수 있습니다.

리코에게

컴퓨터 세계는 재미있었니?
나는 열심히 일했으니 조금 자려고 해.

만약 나와 또 함께 놀고 싶으면
나를 깨우는 프로그램을 만들어서
내 안에 넣어 줘.

등에 있는 코드를 컴퓨터에 연결하면
프로그램을 입력할 수 있어.

맺음말

여러분이 어른이 될 무렵에는 많은 일자리가 없어질 것이라 예상됩니다. 사무적인 일의 대부분이 컴퓨터로 대체되어 버리기 때문입니다. 실제로 지금까지도 다양한 업무가 기계로 대체되었습니다.

역 개찰구는 대부분 자동화되어 표를 확인하는 역무원이 드물어졌고, 손님이 직접 계산할 수 있는 무인 계산대를 갖춘 슈퍼도 있습니다. 로봇이 음식을 가져다주는 음식점도 등장했습니다.

지금까지 사람이 하던 많은 일을 컴퓨터가 해낼 수 있게 되었고 앞으로도 이 흐름은 변하지 않을 것입니다. 불안해하는 사람도 있을 수 있겠지요.

약 200년 전에 일어난 산업혁명 때도 기계에 일감을 빼앗길 것을 두려워한 사람들에 의해 기계 파괴 운동이 벌어졌습니다.

하지만 그 후 우리의 생활은 어떻게 되었습니까? 당시와 비교하면 매우 풍요롭고 편리해졌습니다. 사회 변화에 따라 새로운 일자리도 참 많이 등장했습니다.

현재 전 세계인이 이용하고 있는 서비스를 만들어 낸 IT 기업은 불과 수십 년 사이에 생겨난 회사입니다.

앞으로의 시대를 살아갈 여러분은 '지금까지 없었던 일'을 만들어 가는 세대입니다. 그리고 그 새로운 일의 대부분은 컴퓨터와 AI가 관련된 일이 될 것입니다.
중요한 것은 '기술을 활용해서 무엇을 창조하느냐'입니다. 컴퓨터나 AI는 대단합니다. 하지만 그것을 만들어 낸 것도 인간의 창의력입니다.

여러분은 어떤 사회를 만들고 싶습니까? 자신의 창의력으로 미래를 헤쳐나갑시다.

감수
이시도 나나코

색인

숫자
0	74, 75, 76, 77, 78, 80, 81, 82, 83
1	74, 75, 76, 77, 78, 80, 81, 82, 83
10진수	83
2진수	83

A
AI	2, 3, 4, 27, 36, 38, 39, 40, 41, 48, 49, 85, 98, 99, 105
AR	46, 47

C
C++	93
CG	27, 46, 93
CPU	25, 26, 27, 28, 29, 30, 31, 44, 77
C언어	85, 92, 93, 95

G
GB	29, 81
GPU	27

I
IoT	42, 48, 95

K
KB	81

M
MB	81

O
OS	15, 19, 46, 85, 93, 94, 95

P
PC	11, 12, 14, 15, 18, 34, 83
PHP	92, 97

R
RAM	25, 28, 29
ROM	25, 28, 29

S
SNS	17, 95
SSD	25, 32, 33

T
TRON	19

U
USB	22, 33

V
VR	46, 47

ㄱ
고(Go)	95
고수준 언어	76, 77, 78, 79
기계어	74, 75, 76, 77, 78, 79, 82
기계학습	38, 39

ㄴ
나데시코	91
네트워크	17, 23, 42

ㄷ
데이터	17, 25, 27, 28, 29, 32, 33, 37, 39, 41, 49, 80, 81, 83, 91
두리틀	85, 90, 91
디버거	64, 68, 69
디버그	69
딥러닝	27, 39

ㄹ
라우터	23
라이브러리	98, 99
루비	92, 99

ㅁ
마더보드	24, 25, 30, 31
마우스	23, 24, 30, 31
마이크	23
마이크로 컨트롤러	12, 18
메모리	28, 30, 31, 32
메모리칩	32
모니터	23

ㅂ
반복 흐름	53, 57, 58, 59, 60, 61
배터리	25, 34, 35, 104
백업	91
버그	64, 65, 66, 67, 68, 69, 70, 72, 79

베이직	88, 89, 100	저수준 언어	76, 77
보조기억장치	33	전원 유닛	25, 34, 35
블루투스	22	조건분기 흐름	53, 56, 57, 60, 61
비스킷	87	주변장치	22, 24, 26, 30, 31
비주얼 프로그래밍 언어	85		
비트	80, 81, 83	**ㅊ** 출력장치	22, 23
빅데이터	49		
		ㅋ 카메라	23
ㅅ 선택 흐름	56	컴파일러	75, 76, 77, 78, 79, 82, 83
소사이어티 5.0	48, 49	코볼	89
소스코드	79	클록 주파수	27
소켓	31	키보드	15, 23, 30, 31
소프트웨어	15, 64, 68, 69, 76, 78, 79, 89, 93		
순차 흐름	53, 54, 55, 59, 60, 61	**ㅌ** 태블릿	12, 14, 16, 17, 34, 46, 100
슈퍼컴퓨터	12, 20, 21	터치패널	14, 16, 17
스마트 스피커	47	텍스트 프로그래밍 언어	85
스마트폰	8, 12, 16, 17, 34, 35, 46		
스크래치	85, 86, 87, 89, 100	**ㅍ** 파이썬	85, 98, 99
슬롯	31	프로그래머	45, 62, 64, 65, 67, 69, 72, 79, 95
신경망	39	프로그래밍	36, 44, 45, 46, 47, 52, 53, 64, 65, 69, 70, 72, 74, 75, 76, 77, 78, 80, 82, 84, 85, 86, 87, 88, 89, 90, 91, 92, 93, 94, 95, 98, 99, 100, 101, 103
ㅇ 알고리즘	52, 55, 57, 59, 60, 61, 62, 63		
애플리케이션(앱)	16, 97		
오류	64, 65, 66, 67	프린터	23
용량	29, 32, 33		
윈도우	15, 91	**ㅎ** 하드디스크	25, 32, 33
이치고잼	89	하드웨어	24
이치고잼 베이직	85, 88, 89	후가쿠	21
인터랙티브 스토리	87	흐름도	57, 60, 61
인터페이스	31		
인터프리터	79		
입력장치	22, 23		
ㅈ 자바	85, 94, 95, 96		
자바스크립트	85, 96, 97		

즐거움으로 견식을 넓히는

서사원주니어 시리즈

\ 교양 지식(아하! 그렇구나) /

8세 이상

초등 3학년 이상

재능과 창의력이 쑥쑥! 생각대로 그려지는
초등 첫 그림 수업
미노오카 료스케 지음 | 윤지나 옮김 | 128쪽 | 14,000원

"더 잘 그리고 싶다는 아이에게 딱 맞는
그림 비법 55가지를 전수하는
비타민 같은 책!"

그림 도구, 색의 사용, 사물의 형태를 그리고 다양한 아이디어로 그림을 표현하는 등 초등학교 저학년부터 고학년까지 아이의 성장 과정에 맞게 이해하고 따라 그리는 방법을 알려드립니다.

하늘에서 얼음이 떨어진다고? 무지개의 끝은 어디일까?
신비롭고 재미있는 날씨 도감
아라키 켄타로 지음 | 오나영 옮김 | 172쪽 | 15,000원

"아이들의 호기심을 불러일으키는
신비롭고 재미있는
구름, 하늘, 기상, 날씨 이야기!"

출간 후 누적 판매량 25만 부 이상, 아마존 저팬 어린이 지구과학 분야 베스트셀러 1위! 일본 기상청 기상연구소 연구관이 알려주는 재미있는 하늘의 비밀 이야기로 아이의 기상 과학 지식을 넓혀보세요!

즐거움으로 견식을 넓히는
서사원주니어 시리즈

\ 어린이 소설 /

*《몬스터 내니》 5, 6권 12월 중 출간 예정

아주 특별한 베이비시터	뜻밖의 방문자와 사라진 괴물들	지하세계로 사라진 아이들	지하세계의 무시무시한 지배자와 위대한 영혼
몬스터 내니 1	**몬스터 내니 2**	**몬스터 내니 3**	**몬스터 내니 4**
투티키 톨로넨 지음 │ 강희진 옮김 │ 파시 핏캐넨 그림 │ 204쪽 │ 13,800원	투티키 톨로넨 지음 │ 강희진 옮김 │ 파시 핏캐넨 그림 │ 240쪽 │ 13,800원	투티키 톨로넨 지음 │ 강희진 옮김 │ 파시 핏캐넨 그림 │ 184쪽 │ 14,800원	투티키 톨로넨 지음 │ 강희진 옮김 │ 파시 핏캐넨 그림 │ 160쪽 │ 14,800원

"전 세계 29개국 판권 계약! <마션><글래디에이터> 감독 리들리 스콧 프로덕션 영화화 결정! 엉뚱한 상상력과 압도적인 흡입력으로 전 세계 어린이들을 단번에 사로잡은 핀란드 최고의 아동 소설!"

아동 소설에서 기대할 수 있는 모든 엉뚱하고 기발한 상상이 가득! 낯설고 두려운 사건을 마주하며 모험심과 용기를 배우는 핼맨가 세 남매를 통해 이 책을 보는 아이들의 상상력과 모험심 역시 훌쩍 커질 거예요!

COMPUTER & PROGRAMMING CHARA ZUKAN
Copyright ⓒ 2022 Kumon Publishing Co., Ltd.
All rights reserved.
Original Japanese edition published by Kumon Publishing Co., Ltd.
This Korean edition is published by arrangement with Kumon Publishing Co., Ltd., Tokyo
in care of Tuttle-Mori Agency, Inc., Tokyo, through Danny Hong Agency, Seoul.

이 책의 한국어판 저작권은 대니홍 에이전시를 통한 저작권사와의 독점 계약으로 서사원주식회사에 있습니다.
저작권법에 의해 한국 내에서 보호를 받는 저작물이므로 무단전재와 복제를 금합니다.

*본서에 기재되어 있는 정보는 2022년 2월 기준입니다.
*본서에 기재된 기업명과 제품명은 각 기업의 등록상표 또는 상표입니다. 본문에서 상표등록마크 등의 표기는 생략하였습니다.

꼭 알아야 할 초등 코딩 기초만 쏙쏙!
컴퓨터 & 프로그래밍 캐릭터 도감

초판 1쇄 인쇄 2022년 11월 28일
초판 1쇄 발행 2022년 12월 12일

대표 장선희 **총괄** 이영철

책임편집 한이슬 **기획편집** 김혜선, 강교리 **감수** 이시도 나나코
책임디자인 최아영 **디자인** 김효숙 **표지·본문 디자인** 도도로키 유키(쿄다 크리에이션)
마케팅 최의범, 임지유, 강주영, 김현진, 이동희 **일러스트** 노다 타카히로(쿄다 크리에이션)
경영관리 김유미 **사진 제공** RIKEN **편집·집필** amana inc. **집필 협력** 아라후네 요시타카(아라후네 프로젝트)

펴낸곳 서사원 **출판등록** 제2021-000194호
주소 서울시 영등포구 당산로 54길 11 상가 301호
전화 02-898-8778 **팩스** 02-6008-1673
이메일 cr@seosawon.com **블로그** blog.naver.com/seosawon
페이스북 www.facebook.com/seosawon **인스타그램** www.instagram.com/seosawon

ⓒ Kyoda Creation Co. Ltd., amana inc., Kumon Publishing Co., Ltd., 2022

ISBN 979-11-6822-125-3 73000

- 이 책은 저작권법에 따라 보호를 받는 저작물이므로 무단 전재와 무단 복제를 금지합니다.
- 이 책 내용의 전부 또는 일부를 이용하려면 반드시 저작권자와 서사원 주식회사의 서면 동의를 받아야 합니다.
- 잘못된 책은 구입하신 서점에서 바꿔드립니다.
- 책값은 뒤표지에 있습니다.

서사원은 독자 여러분의 책에 관한 아이디어와 원고 투고를 설레는 마음으로 기다리고 있습니다.
책으로 엮기를 원하는 아이디어가 있는 분은 이메일 cr@seosawon.com으로 간단한 개요와 취지,
연락처 등을 보내주세요. 고민을 멈추고 실행해 보세요. 꿈이 이루어집니다.